DER WELTENRETTER

Markus Weber

Für meine Familie – im Andenken an Lu

Prolog

Gut 2000 Jahre hatte er keinen Sex mehr. Die Erinnerung an das lange zurückliegende Ereignis zauberte Michael noch immer ein Lächeln ins Gesicht. Sie war ein Prachtsweib, die reinste Sinnlichkeit. Ihrer Leidenschaft hatte Michael die Offenbarung einer wundersamen Welt zu verdanken, von der er immer geglaubt hatte, sie würde ihm nie zugänglich sein. Die beglückende Erfahrung menschlicher Körperlichkeit hatte allerdings einen bitteren Beigeschmack. Sie trug den Stachel der Vergänglichkeit in sich. Nach der magischen Liebesnacht setzte sich Michaels Angebetete ab. Ein Kerl aus der Holzbranche hatte ihr mehr Eindruck gemacht.

Michael – immerhin einer der renommiertesten Botschafter seiner Zeit – war untröstlich. Er fühlte sich nicht nur um seine grosse Leidenschaft, sondern – was ihn viel mehr verletzte – um sein eigenes Fleisch und Blut betrogen. Denn er war sich sicher, dass er seine Traumfrau geschwängert hatte. Der Schmerz über den Verlust seines einzigen Kindes war beinahe unerträglich. Aber niemals hätte Michael geahnt, dass er seinen heranwachsenden Sohn, der sich zu einem sanften Revolutionär und charismatischen Vermittler des Friedens entwickelte, gleich zweimal verlieren würde. Emanuel wurde, kaum 30 Jahre alt, brutal und kaltblütig ermordet. Der rohe Akt der Gewalt hätte keinen edleren Menschen treffen können. Emanuels Aura war damit aber nicht aus der Welt geschafft. Im Gegenteil. Sein Geist war nach dem schrecklichen Verbrechen lebendiger und präsenter als je zuvor. Es war, als hätte er dem Tod seinen Schrecken genommen und dem Leben zu seinem endgültigen Sieg verholfen. Die anfängliche Verzweiflung und Trauer seiner Freunde und Anhänger verwandelten sich in Begeisterung. Eine enthusiastische Welle der Hoffnung schien die Welt zu erfassen und zu verändern. Doch irgendwann ging einiges schief. Die Anhänger Emanuels zerstritten und zersplitterten sich. Der Geist der Bewegung büsste an Glanz ein. Geknebelt und gefesselt in zunehmend institutionalisierten Strukturen verlor er seine Anziehungskraft. Die Freiheit war sein Lebenselixier, ohne sie konnte er sich nicht entfalten. Die unheilvolle Entwicklung der Bewegung war nicht mehr aufzuhalten.

Der Auftrag

Der Auftrag war eindeutig: Der triefenden Blutspur, welche die selbst ernannten Jünger von Michaels Sohn durch die Jahrhunderte gelegt hatten, sollte endgültig Einhalt geboten, deren Geschichte radikal neu geschrieben werden. Michael fühlte sich mitverantwortlich für das Desaster, welches als Folge seiner Liebesnacht – vielleicht selbst ein Irrtum – entstanden war. Er war fest entschlossen, seinen vermeintlichen Fehler wieder gut zu machen und damit die Weltgeschichte zu korrigieren.

Die Aufgabe, ein Freudenmädchen zu schwängern, schien Michael jedoch ungleich schwieriger als die Mission vor 2000 Jahren, die er nur noch als köstlichen Traum in Erinnerung hatte. Eine Prostituierte handelte bekanntlich nicht nur im Bereich der Sexualität, sondern auch hinsichtlich Verhütung professionell.

Natürlich hatte er sich darüber gewundert, dass er ausgerechnet ein Freudenmädchen schwängern sollte. Und auch die Wahl des Ortes, wo das fruchtbare Ereignis stattfinden sollte, schien ihm etwas sonderbar zu sein. Wieso ausgerechnet dieses glanzlose unbedeutende Städtchen eines ebenso unwichtigen Landes? Ein Paukenschlag historischen Ausmaßes hätte eine würdigere Bühne verdient! Michael war in seinen Gedanken schon daran, im Weissen Haus in Washington oder zumindest bei den Vereinten Nationen in New York einen Gebärsaal einzurichten und die gesamte Weltpresse am wichtigsten Ereignis der letzten 2000 Jahre teilhaben zu lassen.

Gegenüber dem ausgewählten Städtchen, das sich um einen malerischen, schönen See schmiegte, fiel es ihm nicht leicht, Gefühle der Sympathie zu entwickeln. Im Gegenteil, wenn Michael einer ahnungslosen Person einen wirklich bösen Streich spielen wollte, empfahl er stets den morgendlichen Ausflug in einer voll besetzten lokalen Straßenbahn. Jemanden unvorbereitet und ungeschützt den griesgrämigen Gesichtern im Tram auszusetzen, war schon fast ein Verstoß gegen die Menschenrechte.

Der Ort, in dem sich auffällig viele Banken und Versicherungen befanden, hatte sich zunehmend ein Klima der Unzufriedenheit, der Missgunst und des Neides ausgebreitet. Vielleicht war Michael an dieser Entwicklung nicht ganz unschuldig. Das Städtchen war maßgeblich von einem unbeugsamen Denker beeinflusst worden, der sich auf das Leben von Michaels Sohn berufte. Der sittenstrenge Eiferer hatte eine wenig lustvolle, dafür umso arbeits- und investitionsfreudigere Ethik geprägt, ohne diese das Städtchen wohl nicht zu soviel Wohlstand gekommen wäre. Wenn auch der mit dem wachsenden Reichtum einer schleichende Materialismus nicht die Absicht dieser Ethik war, so war er doch ihr Ergebnis. Für Michael war die Anbetung des schnöden Mammons eine der übelsten Formen der Geistlosigkeit.

Wieso also ausgerechnet dieses Nest? Die Erinnerung an die lange zurückliegende Geburt seines Sohns brachte Klärung in die Gedanken: Genauso wie ein kleines Dorf am östlichsten Rand des römischen Reichs vor 2000 Jahren absolute Provinz dargestellt hatte, genauso war das Städtchen am See ein Ort mit provinzieller Ausstrahlung. Auch der überdimensionierte Flughafen, der den Glanz und die Größe der weiten Welt ins Land bringen sollte, vermochte daran nichts zu ändern. «Natürlich», dachte er, «Weihnachten findet immer an der äußersten Peripherie der Macht und nie in deren Zentrum statt.»

Menschwerdung

Die Menschwerdung Michaels war kein leichtes Unterfangen, die Metamorphose zum Mann aus Fleisch und Blut – sollte der Auftrag gelingen – musste perfekt sein. In der Wahl der wichtigsten äußeren Merkmale bewies Michael eine sichere Hand. Die hohe Stirn eines deutschen Denkers, die feingliedrigen Hände eines indischen Chirurgen, das ausgeprägte Kinn eines griechischen Helden – Michael empfand Gefallen daran, an sich herumzumodellieren, und mit der wachsenden Entstehung seines Körpers schien auch sein Wesen allmählich menschliche Züge anzunehmen. Beinahe unbemerkt überkam ihn ein Gefühl der Eitelkeit.

Die Freiheit, nach seiner eigenen Vorstellung einen Menschen zu schaffen, hatte er allerdings etwas unterschätzt. Vielleicht hätte Michael auf einige Details mehr achten sollen. Im Nachhinein empfand er den etwas zu weich geratenen Bauch, der ihn an einen Schwimmring erinnerte, nicht gerade sexy, auch dann nicht, als eine spätere Freundin die Rundungen wohlwollend als das Bäuchlein eines Geniessers bezeichnete. Aber er wollte dem zweiten der menschlichen Gefühle, das er nun kennen lernte, dem Selbstmitleid, nicht zu viel Raum zugestehen. Michael nannte sich fortan David, da er der Meinung war, dass seine äussere Erscheinung

– abgesehen von der ärgerlichen Beule – weitestgehend Michelangelos klassischer Vorstellung von Schönheit entsprach.

Der Gang zur Hure

Davids erster Gang zur Hure endete in einer riesigen Pleite. Seine Nervosität und die Tatsache, dass er 2000 Jahre keinen Sex mehr gehabt hatte, machten ihm einen peinlichen Strich durch die Rechnung. Dabei war er mit der Wahl seines Auftraggebers durchaus zufrieden. Concetta war eine italienische Schönheit. In ihrer Anmut und Sinnlichkeit erinnerte sie ihn an Aphrodite, um die er seine griechischen Kollegen heimlich beneidete. Kastanienbraunes langes Haar, ein sanftes weiches Gesicht, die Augenfarbe konnte sich David aber schon nicht mehr merken, zu sehr war er von den atemberaubenden Kurven Concettas abgelenkt. Im Protokoll vermerkte er später, er sei zu schüchtern gewesen, ihr direkt in die Augen zu sehen.

Ihre Kammer befand sich in einem Stadtkreis mit vielen Restaurants, Bars und Cabarets, in denen ausländische Tänzerinnen ihren Lebensunterhalt verdienten. Die Kargheit des Zimmers störte David nicht. Er war ja nicht aus romantischen Gründen hier. Er hatte eine Mission zu erfüllen. Auch die professionelle Sachlichkeit, mit der sich Concetta ihrer Kleider entledigte, irritierte ihn nicht. Im Gegenteil, der Anblick ihrer himmlischen Nacktheit hatte ihn so erregt, dass er sich kaum im Zaum halten konnte. Noch zwang er sich aber, ruhig auf seinem Stuhl zu sitzen. Doch als Concetta einen Schritt auf ihn zuging und ihre perfekten Brüste an sein Gesicht schmiegte, verlor er beinahe den Verstand. Das Blut hämmerte an die Schläfen, der Atem stockte. Als er Concettas Hand zwischen seinen Beinen spürte, war die Katastrophe perfekt. «Porca miseria», hörte er sie fluchen, als sie seinen Hosenladen endlich geöffnet hatte und ihm umgehend kundtat, dass er die vereinbarte Summe trotzdem bezahlen müsse.

«Holy shit», dachte er, und zog wie ein geschlagener Hund von dannen.

Guter Rat war jetzt teuer. Nur Melchisedek könne ihm weiterhelfen, dachte David. Seit jeher schon war er sein bester Freund und wichtigster Ratgeber. Bemerkenswert war allerdings, dass Melchisedek alles andere als eine Vaterfigur war – seine Rolle war eher diejenige eines sanften Sohnes, der seinem zuweilen etwas unbeholfenen Väterchen hilfreiche und wegweisende Ratschläge erteilte. David spürte, dass er Melchisedek brauchte, um aus seinem wüsten Erlebnis herauszufinden.

Die Bar an der Breitstrasse war der Ausgangspunkt seines kläglichen Versagens. Hier hatte er Concetta angesprochen, und nun hoffte er inbrünstig, sie würde nicht zurückkehren. Die Bar war fast leer, nur am Tisch neben ihm sass ein alter unrasierter Mann, der Kreuzworträtsel löste. Seine Augen wirkten müde und traurig, die Bewegungen seiner feingliedrigen Hand waren langsam. Als er in die Runde blickte und bei der dunkelhäutigen Bardame die Rechnung verlangte, fiel Michael auf, wie warm und freundlich seine Stimme klang. Die Afrikanerin, eine reife, unverblasste

Schönheit, welche die zwielichtigen Scheinwerfer der Bühnen der Breitstrasse mit der glanzlosen Tätigkeit an der Theke getauscht hatte, schien die Langsamkeit und die Freundlichkeit des Alten dankbar aufzunehmen. Liebenswürdig, gelassen und mit einem feinen Lächeln bewegte sie sich zum Alten, dessen Augen für einen kurzen Moment aufleuchteten. Die Schwingungen ihrer Seelen, die keine Worte brauchten, schienen den gleichen Rhythmus zu haben. Die Harmonie des Momentes füllte den ganzen Raum. David glaubte sogar, Klänge einer wunderbaren Symphonie zu hören. «Dranne bliibe, dranne bliibe», begann der Alte leise zu singen. David fühlte sich ertappt, als er merkte, dass er der Angesprochene war. Er hörte den Alten noch kichern, als dieser längst das Lokal verlassen hatte.

*

David liess sich etwas Zeit für den zweiten Versuch, den er kühlen Kopfes angehen wollte. Er hatte sich mittlerweile ausserhalb des Kreises seiner Aktivitäten, in der Nähe des Kunsthauses, eine kleine möblierte Wohnung genommen. Der Abschluss des Mietvertrages war alles andere als einfach, zumal er weder Papiere noch Ausweise besass. Dass er sich, um das Problem zu lösen, einer weiteren menschlichen Tugend, nämlich der Kunst des Lügens bedienen musste, schien ihm angesichts seines Auftrages legitim. Er versprach der Hausbesitzerin, die fraglichen Papiere innert der nächsten sieben Tage zu bringen. Die Zeitspanne schien ihm gross genug, um seine Mission zu erfüllen.

Der Alte war nicht da, als David die Bar betrat, dafür erhielt er zur Begrüssung ein herzliches Lachen von Joy, der Frau aus dem Senegal. Nachmittags war im Lokal nie viel los. Nur ein Gast sass gedankenverloren in einer Ecke. Es war Jonas Schönfeld, der bekannte Theaterdirektor der Stadt. Seine Verfassung schien der trüben Stimmung der verlassen wirkenden Bar zu entsprechen. David setzte sich zu ihm und bestellte ein Bier. Der Theatermensch schien zu der Sorte von Künstlern zu gehören, die eine etwas sonderbare Mischung aus Überheblichkeit und Naivität in sich vereinigten. Jonas Schönfeld stammte aus einer kleinen Gemeinde ausserhalb des Städtchens. Das Dorf war sehr stolz auf seinen berühmtesten Bürger. Er galt als begabtester Regisseur der europäischen Theaterszene und wurde als Messias gefeiert, als er nach seinen grossen Erfolgen im Ausland die Intendanz am hiesigen Stadttheater übernahm. Die grosse Liebe zwischen dem Verwaltungsrat des traditionsreichen Kulturinstitutes und Schönfeld nahm aber ein abruptes Ende. Vielleicht war der Regisseur daran nicht ganz unschuldig. Er hielt seine Auftraggeber ausser in ihren finanziellen Möglichkeiten für reichlich beschränkt. Sein lockerer Umgang mit dem Theaterbudget schien ihm deshalb unbedenklich, auch dann, als er den schlecht bezahlten Bühnenarbeitern und dem noch mieser entschädigten Reinigungspersonal das Salär verdoppelte. Er hatte die Verantwortlichen der Stadt damit aber in dem Bereich unterschätzt, wo sie wirklich Spitzenklasse waren, nämlich im Zählen und Ansammeln von Geld. Schlimmer als die Kritik an ihrer bürgerlichen Beschaulichkeit war der aus ihrer Sicht unverschämte Handgriff in ihre Taschen. Das frivole Verhalten Schönfelds wurde umgehend mit seiner Entlassung auf das Ende der Spielsaison quittiert. Und nun sass er also da – einsam und verlassen, im Selbstmitleid versunken, als wäre er selbst eine seiner tragischen, verloren im Weltall umherirrenden Figuren, die er so wunderbar auf der Bühne zu inszenieren pflegte.

«Brillanz ist für mediokre Gestalten immer unerträglich. Ich hätte es wissen müssen. Wie konnte ich mich nur auf diesen provinziellen Trachtenverein einlassen?» brummelte Schönfeld vor sich hin. Er war es offenbar gewohnt, Selbstgespräche zu führen. «Diesen geistlosen Geldsäcken ist es doch nur wichtig, die wahre Tristesse ihrer unbedeutenden Existenz hinter dem Glanz und dem Prestige einer strahlenden Kulturstadt zu verbergen. Schmücken wollten sie sich mit meiner Kunst - nicht auseinandersetzen! Diese Ignoranten, diese armseligen kleinen Lichter! Ihre Leuchtkraft reicht nicht einmal aus, um ihre eigenen Lebenswege zu erhellen. In ihrer tiefen Dunkelheit werden sie von jedem trügerischen Schein wie Motten magisch angezogen und geblendet. Dabei ignorieren sie nicht nur die Kunst, sie sehen die Wunder und die Schönheit unseres Planeten genauso wenig wie das riesige Elend, das wie ein Krebsgeschwür auf ihm wuchert. Ihre Ignoranz ist das wahre Übel dieser Welt.»

David spürte eine grosse Sympathie für den in seiner Gekränktheit etwas pathetisch wirkenden Theaterintendanten. Abgesehen davon, dass er sich für etwas Besonderes hielt und dazu berufen fühlte, den Menschen die unfrohe Botschaft der wahren Kunst zu bringen, war er ganz in Ordnung. In der Überschätzung seiner selbst war er Mensch wie jeder andere.

Erst jetzt bemerkte Schönfeld den neuen Gast, den er noch nie zuvor in diesem Lokal gesehen hatte.

David nahm die Gelegenheit wahr, Schönfeld in ein Gespräch zu verwickeln, um ihn aufzumuntern. Erstaunlicherweise war es David nicht peinlich, detailliert von seiner Begegnung mit Concetta zu berichten. Schönfeld schien sich köstlich über die Geschichte zu amüsieren.

«Trink drei Gläser Rotwein, bevor du das nächste Mal zu ihr gehst, das wird dir helfen», grinste er und bestellte zwei weitere Biere. «Sag mal, wieso gehst du eigentlich ins Puff, das hast *du* doch nicht nötig?»

Schönfeld war die attraktive Erscheinung seines originellen Gesprächpartners nicht entgangen.

Auch jetzt – wie bei der Erzählung seiner Begegnung mit Concetta – hielt sich David an den exakten Sachverhalt, als er die Hintergründe seines Auftrages schilderte. Schönfeld musste lauthals lachen, selten hatte er eine so dick aufgetragene Ausrede für den Besuch eines Freudenmädchens gehört. Er stand auf, schrieb eine Telefonnummer auf einen Zettel und drückte David das Papier in die Hand.

«Ruf ihn an, er ist Spezialist für solche Sachen, er hat mir auch geholfen und ist mittlerweile einer meiner besten Freunde.» Verdutzt blickte ihn David an.

«Nur Mut, er ist einer der besten Psychiater der Stadt». Grinsend verliess Schönfeld das Lokal.

David trank noch ein drittes Bier, dieses Mal mit einem Kirsch, bevor er dem Rat Schönfelds folgte und drei Gläser Rotwein bestellte. Als Concetta den Raum betrat, erschrak er leicht, und ein sonderbares Gefühl nahm Besitz von ihm. Er wusste nicht so recht, ob er nervös oder erregt war. Um ganz sicher zu gehen, dass er nicht wieder eine grosse Pleite produzieren würde, bestellte er nochmals etwas zu trinken. Joy schaute etwas besorgt, als sie David nochmals drei Gläser Rotwein servierte.

Als David schliesslich mit Concetta in ihre Kammer ging, fühlte er sich nur noch als unbeteiligter Zuschauer. Er spürte kaum noch, wie sie – *bevor* sie sich selbst entkleidete – versuchte, seine Hosen zu öffnen. Schliesslich war sie durch und durch professionell, und ein unglücklicher Kunde war ihr äusserst unangenehm. Auch für vorschnelle Eventualitäten war sie dieses Mal gerüstet, liebevoll hatte sie gleich zu Beginn einen Gummi über den Zeigefinger ihrer linken Hand gestülpt. Die Sympathie Concettas für das Kondom konnte David angesichts seines Auftrages weder teilen noch nachvollziehen. Er wünschte sich, sie würde *ihn* anstelle des Gummis mögen, damit sie ihrer Berufung gerecht werden könne. Sie hatte aber noch nie Zeit damit verschwendet, über Ideen und Vorstellungen nachzudenken. Auch dass sie zur Freiheit berufen und befähigt sein könnte, ihr Leben selbst zu bestimmen, mochte sie nicht glauben. Sie zählte zu den Menschen, die davon ausgingen, dass im Leben alles von höheren Mächten vorbestimmt war. So auch ihre Arbeit als Prostituierte. Und so war es für Concetta eine Frage der Berufsehre, ein weiteres Missgeschick zu verhindern. Ihre Kleider hatte sie längst in eine Ecke geworfen und sich wippend auf Davids Schoss gesetzt. Doch auch ihr täuschend echt inszeniertes Stöhnen vermochte das sich anbahnende Unheil nicht zu verhindern. Bevor David auf dem Bett einschlief, hörte er Concetta noch ein frustriertes «Madonna» seufzen.

Er wusste nicht, wie viel Zeit vergangen war, als Concetta ihn weckte und dazu drängte, schnellstens die Kammer zu verlassen. Etwas verwirrt war er schon, als er ihren nächsten Kunden an der Tür kreuzte, aber die Begegnung war ihm erstaunlicherweise nicht peinlich.

*

Tags darauf war David erneut in der Bar. Zu Beginn seiner Besuche hatte er den Laden noch als tristen Aufenthaltsraum einsamer Seelen wahrgenommen. Doch mittlerweile fühlte er sich sehr wohl in diesem Lokal. Auch Schönfeld sass wieder tief in seinen Gedanken versunken in einer Ecke und diskutierte angeregt mit einer Flasche Rotwein. David setzte sich an dessen Tisch. Dennoch verstrich einige Zeit, bis der Theaterintendant sein Gegenüber bemerkte. Erst als sich Schönfeld darüber wunderte, dass sein Glas ständig aufgefüllt war, schien er sich von seinen Gedanken lösen zu können. Lauthals musste er lachen, als er den Grund dieses eigenartigen Phänomens entdeckte und David sah. «Hat es geklappt mit dem Rotwein?» wollte Schönfeld nun wissen. David berichtete so präzis wie nach dem Rausch nur möglich, was vorgefallen war, und erneut konnte sich der Künstler wie ein kleines Kind amüsieren.

«Deine Geschichte nimmt langsam theatralische Züge an. Wenn Du so weitermachst, wirst Du noch als Figur auf meiner Bühne enden.»

Schönfeld wusste nicht so recht, was er über David denken sollte, doch als Spezialist für eigenartige Gestalten hatte er längst erkannt, dass sein neuer Freund, für den er mittlerweile grosse Sympathie empfand, etwas ganz Besonderes war.

«Schau mal», sagte er mit einem freundschaftlichen, beinahe väterlichen Ton.

«Wenn du dich amüsieren willst, ist es doch wirklich nicht nötig, dafür deine ganzen Kohlen in den Sand zu setzen.»

Schönfeld erzählte David nun von einem Lokal, wo es scheinbar einfach war, «irgendwelche Hühner aufzureissen».

Schönfeld verachtete das Fun&Music zwar, doch um männliche Verspannungen zu entschärfen, wie er sagte, war das trendige In-Lokal genau richtig.

«Bescheidenheit und Zurückhaltung als wichtigste, wenn auch nicht ganz Ernst gemeinte Tugenden unseres Städtchens haben hier keine Gültigkeit», erklärte Schönfeld. «Carpe Diem» heisst das Leitmotiv dieses In-Völkchens. Dass dieses Motto aber untrennbar mit der Mahnung «Memento Mori» verbunden ist, ignorieren die Deppen leichtfertig. Oder sie betrachten die Aufforderung, an die eigene Sterblichkeit zu denken, als moralisierende und deshalb vernachlässigbare Nachgeburt ihrer hoch philosophischen Lebensweisheit. Ignoranten halt, aber geniessbare.»

David hatte den Eindruck, dass Schönfelds Analyse den Anwesenden des Lokals ziemlich gleichgültig sein würde. Und auch Schönfeld wandte sich nun anderen, offensichtlich wichtigeren Dingen zu. David staunte nicht schlecht, als er sah, dass sein Freund wie ein Magnet wirkte. Bald war der Theatermann von drei attraktiven jungen Frauen umringt.

«Wohl alles Theaterkennerinnen», vermutete David.

Doch keine der Schönen der Nacht hatte je ein Theater von

innen gesehen. Seine Bekanntheit im Fun&Music hatte Schönfeld der Regenbogenpresse zu verdanken, die er zwar grundsätzlich verdammte, aber um die er - wenn er sich auf kulturellen Abwegen befand - durchaus dankbar war. Svetlana, eine schlanke, gross gewachsene Blondine, stellte sich als Inhaberin eines Modeladens vor. Und die dunkelhaarige Catherine, eine erotisch gekleidete und verführerische Düfte verbreitende Französin, betreute üblicherweise die Parfumabteilung eines Warenhauses an der Bahnhofstrasse. Petra dagegen, eine Medizinstudentin voller Witz und Esprit, gaukelte vor, als engagierte Tierschützerin im Fun&Music dafür verantwortlich zu sein, das schutzbedürftige Wild weiblichen Geschlechts vor erbarmungslosen Wilderern zu bewahren. Dass sie dabei selbst in die Rolle der gnadenlosen Jägerin schlüpfte, schien sie zu geniessen. David war von der Originalität Petras angetan. Auch wie sie sich aufreizend und theatralisch – schützend hätte ihre Inszenierung wirken sollen – vor ihre beiden Kolleginnen stellte, hatte durchaus seinen Charme. Schönfeld empfand an den drei Frauen ebenfalls Gefallen, vielleicht auch – weil er ihnen nicht zugehört hatte. An die Möglichkeit, dass ein Dialog eine Bereicherung darstellen könnte, glaubte er schon lange nicht mehr. Sehr bald übernahm er das Wort und gab es nicht mehr aus der Hand. David war amüsiert, als Schönfeld ihn als seinen wichtigsten, über ein himmlisches Talent verfügenden Schauspieler vorstellte, dessen Stärke es sei, groteske, etwas schizophrene Figuren darzustellen. Nach dem dritten Bier blühte Schönfeld erst richtig auf und machte David vollends zu seinem Statisten, was diesem aber nichts ausmachte.

Irgendwann fand sich die Fünfergruppe in einer durchgestylten Loft wieder. Schönfeld offerierte Zigarren und Whisky, und es dauerte nicht lange, bis der ganze Wohnbereich im Nebel des blauen Dunstes zu versinken drohte. Ebenso schnell war die erste Flasche ausgetrunken. Beim Strippoker erwiesen sich Davids besondere Begabungen als folgenschwerer Nachteil. Es war ein leichtes für ihn, die Karten seiner Mitspieler zu erahnen und jedes Spiel zu gewinnen, was ihm aber alles andere als Freude bereitete, im Gegenteil. Er spürte, dass er der Absicht des Spieles mit seiner Überlegenheit nicht gerecht werden würde. Er dachte aber gar nicht erst daran, dass er zwischendurch eine Partie auch einmal mit Absicht hätte verlieren können. Als seine Gegenüber längst nur noch in Socken, Strings und Shorts in die Runde grölten, strahlte seine Bekleidung noch immer gepflegte Jungfräulichkeit aus. Und so war es denn auch nicht verwunderlich, dass sich Schönfeld mit den drei Frauen *allein* in die hinteren Ecken zurückzog.

«Verlierer sind am Ende immer die wahren Gewinner», ärgerte sich David.

Das Kichern im Nebenraum, in den er einen freien unzensierten Blick hatte, störte ihn weniger als sein Unvermögen, den etwas komplizierten Namen des zweiten Whisky, den man ihm zum Trost zurückgelassen hatte, richtig auszusprechen. Intensiv mit der halbleeren Flasche beschäftigt, hörte David kaum, dass sich die Haustüre öffnete. Eine *weitere* Frau betrat die Loft. Ohne ein Wort zu reden, schritt sie zielstrebig durch den grossen Wohnbereich und riss die Fenster auf. David spürte, wie der unerwartete

Gast vom Raum Besitz nahm. Schönfeld hatte seine Lieblingsschauspielerin schon erwähnt, und David wusste auch, dass die beiden privat ein Verhältnis hatten. Nur sollte sich Melanie Voss gegenwärtig an einem Gastspiel im Ausland aufhalten. Die Wirkung ihres bedrohlich wirkenden Auftauchens auf Schönfeld war jedenfalls frappant. Sein Blut schoss ihm explosionsartig in den Kopf und hinterliess an seiner männlichsten Stelle einen kläglich schlaffen Eindruck.

«Es ist nicht, wie du denkst», stammelte er, während David geistesgegenwärtig die Kleider der drei Nackten zusammensuchte und mit ihnen Hals über Kopf das Weite suchte. Erst auf der Strasse fühlten sie sich genügend sicher, um sich hastig anzuziehen. Endlich bemerkte auch David, wie schön die Frauen waren, doch die Situation war ihm irgendwie peinlich, er hatte sich selbst als Voyeur ertappt. Ungeduldig hielt er deshalb nach einem Taxi Ausschau. Er hatte noch immer nicht begriffen, dass jetzt seine Chance gekommen war. Es fiel ihm aber nichts Besseres ein, als die drei Damen gentlemanlike bei ihnen zu Hause abzuliefern.

Am nächsten Tag ging er bereits am Mittag in die Bar. In der hintersten Ecke entdeckte er Schönfeld, der eine dunkle Brille trug und wie ein geschlagener Hund vor sich hin wimmerte. Er sah viel schlimmer aus, als es David befürchtet hatte. Die getönten Gläser konnten Schönfelds übel zugerichtetes Auge nicht verbergen, zu gross war der Bluterguss, der bis auf die rechte Wange reichte. Die Wucht des Schlages hatte in seiner Seele aber ungleich grössere Wunden aufgerissen:

«Sie redet von Liebe und missbrauchtem Vertrauen, dabei benutzt mich die Hexe doch nur. Insgeheim denkt sie, sie sei brillanter als ich. Ohne sie sei ich gar nicht in der Lage, das Theater zu führen, warf sie mir an den Kopf. Stell Dir vor, sie nannte mich einen Idioten. Angesichts des verwerflichen Abends müsse sie annehmen, dass ich nicht mehr wisse, wer der wahre kreative Kopf unserer Inszenierungen sei. Ich könne von Glück reden, dass Theaterbetriebe noch immer ein geschütztes Biotop für Machos seien. In der realen Welt würde man Deppen wie mich zum Teufel schicken. Unfassbar, sie glaubt wirklich, ihre wahre Grösse werde verkannt, weil sie eine Frau sei. Dass sie vielleicht nicht so genial ist wie ich, das käme ihr nie in den Sinn. Und was kann ich überhaupt dafür, dass die Lieblinge der Götter immer Männer sind?»

In diesem Moment wünschte sich David nichts mehr, als dass Concetta ihm eine Tochter schenken würde. Er bestellte zwei weitere Biere und war sehr erstaunt, dass Schönfeld die Lächerlichkeit seines Problems nicht erkannte. Hatte er sich wirklich auf einen Schlagabtausch der Eitelkeiten, auf ein primitives Machtspiel eingelassen? Er, der es liebte, sich auf der Bühne über das kleinkarierte Streben nach Ruhm und Ehre zu mokieren?

«Ich muss zur Probe.» Schönfeld trank das frische Bier in einem Zug leer und verliess die Bar.

Erst jetzt bemerkte David den Alten, der ihm vor kurzem Mut gemacht hatte. Seine Augen leuchteten, als ihre Blicke sich trafen.

«Dranne bliibe, dranne bliibe» lachte er, stand auf und tanzte vergnügt durch das Lokal. Joy sah ihm lächelnd zu, spendierte ihm ein Glas Rotwein und servierte ein Salzgebäck dazu.

In der Bar sassen mittlerweile auch andere Gäste. Die Melodie des «Dranne bliibe, dranne bliibe» hallte David noch im Ohr nach, als er Concetta erblickte, an deren Brust sich ein Kunde zu schaffen machte.

«Das ist Katzenhügel, wir nennen ihn aber nur Katzenjammer», flüsterte Joy.

«Katzenhügel?»

«Ja, nimm in seiner Nähe Platz, du wirst dich über sein Gejammer amüsieren, aber beeil dich, er ist bald fertig.»

Das Interesse war geweckt. David setzte sich genau so hin, dass er Concetta und Katzenhügel in seinem Rücken hatte. Concetta schaute kurz auf, nicht aber Katzenhügel, dessen Gesicht tief in ihrer atemberaubenden Offenherzigkeit versunken war. Er schien sich tatsächlich wie ein kleines Kind an ihrer Brust auszuweinen. Katzenhügel hielt sich für einen genialen Dichterfürsten und wenn er getrunken hatte, konnte ihn nichts von der Überzeugung abbringen, er sei eine Reinkarnation des Königs Salomo. Es war nicht einfach, seinen Wort- und Gedankenfetzen zu folgen, zumal sich seine weinerliche und anklagende Stimme alles andere als angenehm anhörte.

«Ich, der Denker, der Prediger, der Künstler im Ministeramt, weiss alles, was in unserem Land geschieht, mein Amt ist gross, wunderbar! Ich schaffe unvergängliche Werke, baue Brücken und Strassen, unterzeichne Staatsverträge. Ich bin der grosse König Max! Wäre nur *sie* nicht da! Diese unsägliche Kritik, sie vermiest mir alles – ungerecht ist sie, feindselig gar, unerhört! Ich kann sie nicht mehr hören, verleidet hat sie mir mein Amt, meine grandiosen Leistungen. Meine Arbeit ist nur noch ein Haschen nach dem

Wind. Verhasst sind mir alle meine Anstrengungen, sie kotzen mich an, mein Leben kotzt mich an.»

David hatte zunehmend Mühe, das Schluchzen des eingebrochenen Mannes zu verstehen. Immer tiefer liess er sich in die Arme Concettas fallen.

«Ich bin Max, der arme alte König Max, betrogen um seinen glanzvollen Thron, betrogen und um die Anerkennung seines Lebenswerkes.»

«Non piangere tesoro mio, mammina ti vuole bene», versuchte Concetta zu beschwichtigen.

«Meinst du das wirklich?»

«Ma si tesoro mio!»

«Du bist lieb», sagte Katzenhügel bewegt. Er war sichtlich dankbar für den Trost, als hätte er gerade den Schlusssegen in einem Gottesdienst empfangen. Nun gab er sich einen Ruck, stand auf und verabschiedete sich mit einem festen Händedruck:

«Ich muss gehen, muss regieren.»

Seine Stimme klang nicht mehr so weinerlich, und auch seinem Gesicht konnte Concetta ein gequältes Lächeln entlocken. In diesem Moment bemerkte er Schönfeld, der überraschend und mit rotem Kopf ins Lokal stürmte. Katzenhügel streckte ihm seine Hand aus, denn er liebte das Theater und zählte zu den wenigen Amtsträgern, welche den Intendanten nicht in die Wüste schicken wollten. Doch der Regisseur ignorierte den Minister – wie er es mit Politikern immer machte – und rannte direkt auf David zu. Vielleicht war dies sowieso besser für das Ansehen Katzenhügels, denn die Bar an der Breitstrasse hatte bekanntlich nicht gerade den besten Ruf. Und so schlich sich Katzenhügel – wenn auch etwas beleidigt – genauso diskret aus dem Lokal, wie er es betreten hatte.

«Stell dir vor, sie hat mich aus den Proben geworfen und angefaucht, ich solle das Stück neu schreiben. Das Freudenhotel sei ihr zu autobiografisch gefärbt, und wenn sich denn mein neues Stück unbedingt um meine zu klein geratene Seele und meine Saufkollegen drehen müsse, so soll ich die Figuren doch so darstellen, wie sie tatsächlich sind: nämlich als primitive, kleinbürgerliche, Schwanz gesteuerte Machos! Hast du das gehört? Sie macht mir langsam Angst!»

«Vielleicht solltest du dein Stück umbenennen. Hotel Furchtbar wäre eine Alternative», lachte David.

«Komm, lass uns abhauen.»

David versuchte noch in Concettas Augen zu sehen, als ihn Schönfeld am Ärmel auf die Strasse zog und ein Taxi bestellte.

«Ins Fun&Music bitte», sagten die beiden fast gleichzeitig als sie auf dem hinteren Sitz des Wagens Platz nahmen.

«Sie hat einfach nicht begriffen, dass ich der bedeutendste Aufklärer der Gegenwart bin.»

Als er den eigenen Spruch hörte, musste Schönfeld über sich selbst lachen:

«Seh ich nicht aus wie der Danton des 21. Jahrhunderts?»

«Dass du es liebst, dich unter das Volk zu mischen, und wie du es verstehst, die Schönen der Nacht wie ein Hund zu begatten, hat durchaus aufklärerische Qualitäten», amüsierte sich David über Schönfeld, «und darin bist du Danton sogar nicht einmal unähnlich, aber vergiss nicht, er hat mit seinem Kopf dafür bezahlt.

Überleg dir also gut, ob du dessen Rolle tatsächlich spielen willst, die Revolution frisst bekanntlich immer ihre Kinder auf.»

«Die Rolle Robespierres ist ja bereits vergeben, diese scheint Melanie für sich gepachtet zu haben, ich habe also gar keine Wahl. Und wenn ich sie auch gehabt hätte, wenn ich sowieso sterben muss, erwarte ich den Tod lieber in einem Freudenhaus als bei einer griesgrämigen Hexe», sprach er, bezahlte das Taxi und stellte sich in den Eingang des Fun&Music.

Als David die Garderobenfrau sah, blieb er wie versteinert vor ihr stehen.

«Was träumst du herum? Komm rein, die Girls sind schon da», rief Schönfeld und verschwand im Getümmel des Lokals.

David bewegte sich nicht von der Stelle, er sah der zierlichen, schüchtern wirkenden Frau direkt in die Augen.

«Mein Mann ist Nachtportier», stammelte sie verwirrt, «ich meine, ich heisse Barbara.»

«David.»

«Ich bin die Garderobenfrau hier.»

«Und ich bin König, König David.» lachte er.

Barbara spürte, wie der Boden unter ihren Füssen wegglitt. Sie fühlte sich von David magisch angezogen. Keine Liebe, keine Verbindung, kein Versprechen schienen stark genug, um seiner Anziehungskraft wirksam entgegenzutreten – vielleicht wollte Barbara dies auch gar nicht.

*

David kehrte nun jeden Tag ins Fun&Music zurück und verbrachte die ganzen Abende damit, Barbara bei der Arbeit zu helfen. Die Rolle des charmanten Garderoben-Assistenten spielte er perfekt. Während der Vorstellungen erzählte er ihr Geschichten aus seiner geheimnisumwobenen Welt, deren Magie sie allmählich in ihren Besitz nahm. Am sechsten Abend schien der Zauber seiner Erzählungen Wirkung zu entfalten.

Barbara hatte kein schlechtes Gewissen, als sie die Wohnung Davids betrat und sich ganz natürlich in seine Arme fallen liess. Er konnte noch immer nicht fassen, was mit ihm und Barbara geschah. Er glaubte zu träumen. Er war sich der Macht seines Lächelns, das Herzlichkeit, Wärme und Schalk ausstrahlte, nicht bewusst. Und an die Kraft seiner Geschichten mochte er erst recht nicht mehr glauben, zu lange schon war er Mensch. Doch seine Sehnsüchte, die Sehnsüchte einer halben Ewigkeit, schienen endgültig am Ziel zu sein. Barbara und David tauchten ein in ein Meer der Leidenschaft.

Das wieder gefundene Paradies menschlicher Sinnlichkeit raubte David beinahe seinen Verstand. Der Kater nach der berauschenden Liebesnacht war dafür umso grösser. Dass Barbara kurz vor Sonnenaufgang ihr Liebesnest verlassen musste, um gerade noch kurz vor ihrem Mann zuhause zu sein, empfand David als gnadenlose Spaltung zweier verschmolzener Seelen.

Der Gatte musste weg. Das war klar. Aber wie? David liess sich den ganzen Tag Zeit, um nachzudenken. Als die Sonne unterging, hatte er noch immer keine zündende Idee. Irgendwann fiel er erschöpft in den Tiefschlaf. Als er aber am nächsten Morgen aufwachte, hatte er tatsächlich einen Plan. Er griff zum Telefon.

«Jonas, ich brauche deine Hilfe. Du brauchst doch für deine Gastspiele im Ausland jeweils einen Aufpasser, der etwas nach dem Bühnenbild schaut, wenn es nicht benutzt wird.»

«Wie meinst du das?»

«Einen Wächter oder so.»

«Du willst sagen, ein Freund von dir braucht einen Job.»

«Ja, aber weißt du, er braucht richtig Kohle, er hat riesig Schulden, aber er darf nicht erfahren, dass ich ihm helfen will, er würde dies nie wollen.»

«Ok – meinst du, er akzeptiert für 7000?»

«Ja, sicher, dieses Angebot wird er nicht ablehnen können, und kannst du dafür sorgen, dass er möglichst lange im Ausland bleibt? Ich hab den Eindruck, etwas Luftveränderung würde ihm nach seinem ganzen Schuldenstress sehr gut tun.»

«Gib mir die Details, du kannst auf mich zählen.»

Wenig später klingelte bei David das Telefon. Barbara konnte es gar nicht fassen, dass ihre finanziellen Sorgen ein Ende nehmen würden und ihr Mann auf wundersame Weise eine riesige Chance bekommen hatte, im Ausland einen lukrativen Job anzunehmen. Er würde die nächsten sechs Monate im Ausland tätig sein. David hörte mit Befriedigung zu und steckte sich genüsslich eine Zigarre an. Zum ersten Mal fühlte er sich ganz als Mensch.

Beschwingt und guter Laune betrat er am Nachmittag seine Lieblingsbar und lud Joy und den Alten, der offenbar Dauergast im Lokal war, zu einer guten Flasche Rotwein ein.

Der Alte setzte sich zu David und begann, ihm eine Geschichte zu erzählen.

«In unserem Quartier lebten einst zwei Männer, der eine war reich, der andere arm. Der Reiche hatte am Stadtrand einen stattlichen Hof und besass sehr viele Schafe und Rinder. Der Arme dagegen besass nur ein einziges Lamm, das er mit seinem letzten Geld gekauft hatte. Er zog es in seinem kleinen Garten auf, und es wurde zusammen mit seinen Kindern gross. Das Lamm ass von seinem Stück Brot, und es trank aus seinem Becher. Eines Tages kam ein Besucher zum reichen Mann. Dieser fand es aber nicht nötig, eines von seinen Schafen oder Rindern zu schlachten und es für seinen Besucher zuzubereiten. Darum nahm er dem Armen das Lamm weg und bereitete es für seinen Gast zu.»

David traute seinen Ohren nicht: «Unglaublich der Kerl.»
«Siehst du nun, wieso man als Menschenfreund zum Alkoholiker wird? *Du* bist der reiche Mann», sagte der Alte und nahm einen kräftigen Schluck Rotwein.
David spürte, wie sein Hals sich zusammenschnürte und eine beklemmende Enge von ihm Besitz nahm. Auch die Augen von Joy hatten sich verfinstert. Nicht der kleinste Lichtstrahl, nicht ein Funken Freude war mehr zu erkennen. Ihr trauriger Blick machte David derart betroffen, dass er keinen klaren Gedanken mehr fassen konnte. Wortlos tranken die drei ihren Rotwein.

Die bedrückende Stille war Schönfeld nicht entgangen, als er irgendwann aufgetaucht war und sich leise zu den drei setzte. Erst als Concetta und ein weiterer Herr das Lokal betraten, stand Joy auf, um die neuen Gäste zu bedienen.

Die Neuankömmlinge waren Schönfeld sehr willkommen, um die Stille zu durchbrechen.

«Weißt du wer das ist?» flüsterte er David zu.

«Keine Ahnung».

Der wie ein Geschäftsmann gekleidete ältere Herr schien ihn nicht zu interessieren.

«Das ist Herzog, Leon Herzog.»

«Herzog, der Theologe?»

«Genau, der berühmte Professor, der als junger Idealist mit dem hehren Ziel auszog, an einem römischen Elite-Institut zu studieren, um sich anschliessend den armen Gestalten unseres zwielichtigen Quartiers anzunehmen. Stadtpfarrer wollte er bei uns werden. Doch unsere Huren und Obdachlosen warten noch immer, irgendwie sind wichtigere Dinge als ihre armen Seelen dazwischen gekommen. Der Schmuck einer Dissertation und Professur ist doch ungleich glanzvoller als die ruhmlose, unbeachtete Gassenarbeit in unserem Stadtkreis. Aber eigentlich ist Leon Herzog ja selbst eine bemitleidenswerte Kreatur.

Stell Dir vor, du bist Wissenschaftler und der Gegenstand deiner Wissenschaft existiert gar nicht. Welch ein Desaster! Irgendwann drehst du dich nur noch um dich selbst, und irgendwann glaubst du – mangels tatsächlicher Alternative – *du* bist der Gegenstand deiner Betrachtung, *du* bist Gott.»

«Aber was sucht er denn hier? Wohl nicht den lieben Gott.»

«Jetzt wo er pensioniert ist, fehlt ihm wohl das junge Publikum. Sein Fachgebiet war ja noch nie die Moral, sondern die Morallehre.»

David wusste nicht recht, ob er lachen sollte, es war ihm noch immer nicht darum, und eigentlich mochte er auch nicht mit Steinen auf andere werfen, er war zu sehr mit sich selbst beschäftigt.

Die Tirade Schönfelds schien ihm etwas heftig, und der Gedanke, wonach nur Gleiches Gleiches erkennen könne, wollte er ebenfalls nicht aussprechen.

Auch der Alte hatte Schönfelds Thesen zur Kenntnis genommen und dabei gehofft, dass Leon Herzog sie nicht hören würde. Aber dieser hatte es sich längst in einer dunklen Ecke neben Concetta gemütlich gemacht. Für sie war der Theologe ein Kunde wie alle anderen auch. Herzog bestellte den besten Champagner des Hauses, und Concetta stellte sich auf einen langen Abend ein. Mit einem *weiteren* Vortrag, den sie möglichst unbeschadet über sich ergehen lassen wollte.

Lächelnd wandte sich der Alte an Schönfeld:

«Der gedachte Gott ist eine tote Kopfgeburt.» Und im gleichen Atemzug sagte er zu David: «Wenn Gott lebendiges Fleisch am Knochen haben soll, *braucht* er *uns*. Ohne uns ist er machtlos. «Dranne bliibe, dranne bliibe.»

Schönfeld hatte dem Alten ein eigenständiges Denken gar nicht zugetraut, nahm ihn deshalb aber nicht weiter ernst. Er zeigte sich viel mehr von Concetta beeindruckt, mit welcher Professionalität sie mit dem Theologieprofessor umging.

«Schaut Euch Concetta an. Sie betreibt das ehrlichste und älteste Gewerbe der Welt, und trotzdem bleibt ihr die Anerkennung in unserer Gesellschaft versagt. Ich kenne keine effizientere Psychotherapeutin. Ein Seelenklempner erzielt keine besseren

Resultate. Die Krankenkassen müssten ihre Kosten übernehmen. Schaut Euch die beiden in der Ecke an. Concetta ist doch die wahre Heilige der beiden.»

«Du bist wirklich der Danton des 21. Jahrhunderts», musste David lachen.

«Hör auf, die Tätigkeit Concettas zu idealisieren. Hätte sie eine Wahl, würde sie etwas anderes machen.» Die Worte des Alten überhörte Schönfeld wie gewohnt.

Joy hingegen nahm er sehr wohl wahr, denn ihre Stimme klang nicht mehr so freundlich wie üblich.

«Statt Fragen nach Gott und Heiligen zu stellen, würdet Ihr Euch lieber überlegen, was es ausmacht, Mensch zu sein.»

«Erklär mir das mal», versuchte Schönfeld Joy aufs Glatteis zu führen.

«Mensch zu sein bedeutet, menschlich zu sein. Wir sind Menschen, nicht mehr, aber auch nicht weniger. Und nun hört auf, die falschen Fragen zu stellen und euch künstlich über solche aufzuregen, die sich ebenfalls mit ihren Fragen verirrt haben. Trinkt lieber noch eine Flasche Rotwein.»

Schönfeld war sprachlos, aber gleichzeitig auch erleichtert, dass Joys Ton zum Schluss wieder eine versöhnliche Note annahm. Als sie einen Lynch-Bages aus dem Keller holte, fühlte er sich beschämt darüber, wie überheblich und selbstgerecht er sich in Szene gesetzt hatte. Die Erkenntnis, manchmal ein Arsch zu sein, war ihm nicht fremd, aber Joys unerwartete, versöhnliche Haltung, war für ihn eine neue Erfahrung.

Joy brachte ihre schönsten Gläser an den Tisch und füllte diese andächtig. Der Pauillac war der Lieblingsbordeaux Schönfelds, und auch der Alte, der sonst tief über seine Flaschen gebückt seine Weine zu trinken pflegte, nahm eine aufrechte, schier feierliche Haltung an.

«Auf uns Menschen», lachte Joy herzhaft in die Runde. Schönfeld wiederholte den Trinkspruch.

«Auf unsere gute Seele», sagte David und meinte damit die Spenderin des edlen Saftes. Im Blick auf seine Liaison mit Barbara war er nicht mehr so sicher, ob er die Rolle eines Menschen und seinen damit verbundenen Auftrag richtig interpretierte.
Er liess sich einige Wochen Zeit, ehe er Barbara wieder besuchte. Als er ihr bekümmertes Gesicht sah, dachte er zuerst, sie sei verärgert, weil er sich solange nicht mehr hatte blicken lassen. Doch ihr Kummer hatte andere Gründe.

«Ich bin schwanger.»

Der Schock sass tief, David konnte keinen richtigen Gedanken fassen. Er hatte ins Schwarze getroffen, aber auf der falschen Zielscheibe. War sein etwas frei interpretierter Auftrag nun erfüllt? Wohl kaum. David war so verwirrt und hilflos, dass er es für richtig hielt, Barbara im Moment allein zu lassen. Ihre Verzweiflung und innere Zerrissenheit schienen ihn nicht zu berühren – zu sehr war er mit sich selbst beschäftigt, und auch eine mögliche heftige Reaktion ihres Mannes war ihm jetzt egal. Er verliess die Wohnung so überraschend, wie er aufgetaucht war.

Wiederum war guter Rat teuer, und auch der Alte war sehr besorgt, als er David in der Bar ankommen sah.

«Setz dich, du brauchst mir gar nichts zu erzählen, sie ist schwanger.»

David schien auf seinem Stuhl zu versinken.

«Was soll ich tun, ich will sie nicht verlieren.»

«Du wirst sie verlieren. Sie wird dir aber vorher einen Sohn schenken.»

Die Worte des Alten, ruhig und gelassen ausgesprochen, erschlugen David beinahe. Er geriet vollends aus dem Gleichgewicht, es war, als taumelte er vor einem dunklen Abgrund, und niemand war da, um ihn vor dem Sturz in die Tiefe zu retten. Verzweifelt suchten seine Hände nach Halt. Der Alte konnte gerade noch seine Weinflasche in Sicherheit bringen, bevor David den Tisch umriss und mitsamt seinem Stuhl zu Boden fiel. Verwirrt rappelte er sich auf und stürmte Hals über Kopf aus dem Lokal.

Aus der Tiefe rufe ich zu Dir

Vor der Eingangstüre seiner Wohnung wartete seine etwas ungeduldig wirkende Hausbesitzerin und sprach ihn auf die noch immer fehlenden Papiere an.

«Sie bekommen die verdammten Unterlagen schon», fluchte David und liess die Frau stehen.

Das helle Licht in seiner Wohnung empfand er genauso als Affront, er wünschte sich eines dieser riesigen, gnadenlosen schwarzen Löcher des Weltalls herbei, damit es die Sonne verschlingen würde. David verdunkelte alle Räume und legte sich ins Bett. Aber nicht das Licht, sondern seine Seele schien von einem dunklen Vakuum aufgesaugt zu werden, die Finsternis des Raumes machte ihn zutiefst unsicher. Beunruhigt zog er die Bettdecke über seinen Kopf, doch die Angst, in ein tiefes unendliches Loch zu fallen, wurde dadurch nur grösser. David drehte sich auf den Rücken und versuchte krampfhaft, sich von seinen Gedanken zu befreien. Damit wurde alles noch viel schlimmer. Panik erfasste ihn. Er wollte aufschreien, doch er war wie gelähmt, er spürte eine riesige Last auf seinem ganzen Körper, ein unverrückbarer schwerer Stein schien ihn ans Bett zu fesseln. Es wurde ihm übel vor Schrecken. Regungslos blieb er liegen, stundenlang, tagelang, er verlor jegliches Zeitgefühl.

Irgendwo aus grösster Ferne – es war der siebte Tag seiner Einigelung - nahm er ein zaghaftes Klopfen wahr.

«Ich bin es.»

David schien aus einem bösen Traum aufzuwachen, als er die Stimme hörte.

Angesichts seiner in der Unendlichkeit des Alls beinahe verloren gegangenen Seele fühlte sich David mächtig erleichtert, als Schönfeld die Türe öffnete.

«Ich hab der ungeduldigen Alten meine Ausweise gegeben, der Mietvertrag lautet nun auf mich. Wie geht es dir?»

«Ich bin froh, dass du da bist.»

«Joy hat mir eine Flasche Rotwein und zwei Gläser mitgegeben, aber so wie Du aussiehst, sollte ich zuerst etwas zu Essen holen.»

«Nein, bitte, bleib da, geh nicht wieder fort.»

Schönfeld machte eine Runde durch die Küche, und erst als er sah, dass nichts Essbares zu finden war, entkorkte er die Flasche und füllte die beiden Gläser. Schweigend setzten sich die beiden. David spürte schon beim ersten Schluck, wie der Alkohol seine Anspannung löste. Der Wein und die Gegenwart Schönfelds taten ihm gut. Die beiden verstanden sich auch ohne zu reden. Ihre Blicke waren auf die Mitte des Tisches gerichtet, wo sich ihre Gedanken zu berühren schienen. Die Stille, die David während einer Woche als Ritt durch die Hölle erlebt hatte, empfand er jetzt als sehr angenehm. Er konnte nun wieder die Klänge seines Körpers wahrnehmen, den Bass seines Herzens, das Rauschen seines Blutes, das ihn an einen frischen Bergbach erinnerte, und – der Wein war nicht unbemerkt angekommen – die schrillen Töne seiner Magensäfte, welche wie rostige Bremsen eines alten Zuges quietschten. Davids Körper und Seele waren noch voller Dissonanzen, es war, als müssten lange unbenutzte Musikinstrumente neu gestimmt werden.

«Dein Magen knurrt unglaublich», lachte Schönfeld. «Ich geh schnell runter und hol uns was zu essen, dauert nicht lange.»

David war froh, dass sich der Nebel seiner trüben Stimmung gelichtet hatte, dass seine anklägerischen Gedanken, die sich zu purem Hass gewandelt hatten, verschwunden waren. Es war ihm klar geworden, dass er sich selbst in seine missliche Situation gebracht hatte. Kein Schicksal und auch kein Auftrag waren für seine Lage verantwortlich. Er hätte bereits vor 2000 Jahren die Mission ablehnen können, und auch jetzt war er es gewesen, der den neuerlichen Auftrag ausführen wollte. Auch die unglückliche Lage Barbaras war nur auf das Fehlverhalten zweier Menschen zurückzuführen. Es wurde ihm immer klarer, welche Folgen seine Handlungen hatten, welche Verantwortung mit der Freiheit, sein Leben selbst zu bestimmen, verbunden war. Wenn er daran dachte, welche Konsequenzen seine erste Liebesnacht für die Menschen dieser Welt bedeutete, wurde es ihm beinahe schwindlig. Sein Sohn hatte wohl ebenfalls nicht im Traum daran gedacht, dass seine Ideen derart pervertiert und in seinem Namen gar Menschen getötet werden würden. Hätte er die mögliche Fehlinterpretation seiner Gedanken mitberücksichtigen müssen, bevor er sie äusserte? Wäre es besser gewesen, sie für sich zu behalten? Oder reichte ein Gedanke allein schon aus, um eine unendliche Schwingung, eine nicht mehr kontrollierbare Bewegung in Gang zu setzen? Kam es also gar nicht mehr darauf an, einen Gedanken in Worte zu fassen, wenn er unausgesprochen schon unabsehbare Konsequenzen nach sich zog? War Denken tatsächlich mit solch weit reichenden Folgen verbunden? Die Freiheit des Geistes schien David ein äusserst gewagtes, risikobehaftetes Projekt zu sein.

«Iss, das wird dir gut tun, mit deinem leeren Magen wirst du sonst bald betrunken sein.» Schönfeld brachte Käse, Brot und Trockenfleisch. «Sag mal, die Geschichte mit deinen Papieren, es geht mich ja nichts an, aber hast du wirklich keine Ausweise?»

«Es ist genau so, wie ich es dir erzählt habe.»

«Vergessen wir es, du hast recht, es ist nicht mein Bier.»

«Du brauchst dich nicht zu entschuldigen, Ich bin froh, dass du dich überhaupt für mich interessierst, dass du da bist. Die letzten Tage waren erdrückend.»

«Wir brauchen alle ein Gegenüber. Allein zu sein, tut der Seele nicht allzu gut, entweder wir verzweifeln an der unendlichen Leere der Einsamkeit, oder wir klammern uns an uns selbst, tanzen um das goldene Kalb unseres Egos, schwelgen in trunkener Selbstverliebtheit, bis wir irgendwann voller Selbstmitleid bemerken, dass wir ständig im gleichen Kreis gedreht haben. Selbstverliebtheit und Selbstmitleid, die Krebsgeschwüre narzisstischer Egozentrik, sind die Kehrseiten der gleichen Medaille.»

«Du hast recht Schönfeld, die Einsamkeit ist unsere schlimmste Feindin, ohne Gegenüber, ohne Begegnung ist unsere Existenz unerträglich. Die Brücke der Liebe zum Du ist unsere einzige Rettung.»

«Ein schönes Bild, David, du könntest Sonntagsschullehrer werden, nur, Liebe ist ein grosses Wort.»

«Ja. Aber das Wort ist nicht die Liebe selbst. Wer über die Liebe redet, liebt noch nicht, und wer über das Leben nur nachdenkt, lebt ebenfalls nicht! Es wird zu viel über Liebe und Leben gesprochen, aber es wird zuwenig geliebt, zuwenig gelebt!»

«Zerstör mir nicht den Glauben an mich selbst, denken und reden ist alles, was ich kann. Und von der Inszenierung meiner Gedanken lebe ich, und vergiss nicht, ein gutes Wort kann Liebe bewirken. Du kannst dir gar nicht vorstellen, wie abhängig meine Schauspieler vom Zuspruch des Publikums sind. Sie sind wie kleine Kinder, sie brauchen den Applaus der Zuschauer, ohne ihre Streicheleinheiten würden sie wie ausgetrocknete Pflanzen eingehen.»

«Sind wir nicht alle wie kleine Kinder, müssen wir nicht immer zuerst geliebt werden, damit wir lebensfähig sind und selbst lieben können?»

Schönfeld fasste sich nachdenklich an die Stirne: «Stell dir vor, es wird Theater gespielt, und keiner geht hin.»

«Dann kommt das Theater zu dir. Und zwar ein solches, in dem du nicht mehr Regie führen kannst.» David lachte und biss herzhaft in ein Stück Käse. Er hatte wieder grossen Appetit, selten hatte ihm ein Essen so gut geschmeckt wie heute.

«Iss nicht zuviel. Dein vernachlässigter Magen wird es dir danken. Ich muss zur Probe. Wir sehen uns in der Bar. Aber mach dich vorher etwas frisch, du hast auch schon besser gerochen.»

David schloss die Türe hinter Schönfeld und beherzigte umgehend dessen Rat. Nach einer langen Woche ohne Körperpflege war der Gang in die Dusche ein wunderbares Erlebnis. Noch nie hatte er fliessendes Wasser auf seinem Körper so genossen, dessen reinigende Kraft so intensiv erfahren. Der Zauber des Wassers, der geheimnisvollen Quelle allen Lebens, berührte ihn tief, und zum ersten Mal – seit er Mensch geworden war – fühlte er sich wieder eng mit der Unendlichkeit des Kosmos verbunden. Er spürte, wie er von seinen letzten negativen Gedanken gereinigt wurde und wie neues Leben in ihm erwachte.

Inmitten der schummrigen Atmosphäre der Bar entdeckte David einen Tisch, auf dem eine Kerze brannte. Joy, der Alte und Schönfeld erwarteten ihn bereits. Auch die anderen Gäste, die in dunkleren, diskreteren Ecken sassen, schienen vom Licht der kleinen Kerze angezogen zu sein. Das Bild wirkte surreal, sämtliche Blicke konzentrierten sich auf die winzige Flamme, die eine warme, fast feierliche Atmosphäre ausstrahlte. David konnte sich nicht daran erinnern, die Anziehungskraft des Lichtes einmal stärker erlebt zu haben als in diesem Augenblick. Ein kleiner Lichtstrahl genügte, um die Tiefe des dunklen Raumes zu erhellen. Er setzte sich an den Tisch und fühlte sich wie ein verirrter Astronaut, der auf einem kleinen leuchtenden Stern zwischenlanden und neue Hoffnung tanken konnte.

Der Alte und Joy hatten gemeinsam ein Festmahl zubereitet. Das Lamm war zart, der Wein ein Traum, der erste Schluck schon eine Offenbarung. Auf der Zunge genoss David die Süsse reifer Beeren und Pflaumen, die ihn an den verführerischen Duft weiblicher Haut erinnerte. Wie süss waren doch die beiden sinnlichen Früchte, von denen er gekostet hatte, allein, wie herb, wie unsäglich bitter der Nachgeschmack! Auf einmal war sich David nicht mehr so sicher, ob der Wein etwas zu tanninhaltig war. Für Joy,

Schönfeld und den Alten war der Tignanello jedenfalls perfekt.

Joy konnte nicht lange am Tisch sitzen. Das Lokal hatte sich gefüllt, und auch der Alte verschwand bald hinter die Theke, um sich nützlich zu machen.

«Hast du dir schon überlegt, wie es weitergehen soll?»

David hatte die Frage schon lange erwartet.

Schönfeld sprach auf einmal ganz leise: «Ich kenne einen guten Chirurgen.»

«Du scheinst ja viele Ärzte zu kennen!»

«Sag bloss, ihr wollt die Angelegenheit nicht chirurgisch aus der Welt schaffen.»

«Angelegenheit? Du sprichst vom Leben, dem grössten Wunder überhaupt. Hast du dir schon einmal darüber Gedanken gemacht, was es bedeutet, wenn eine Seele aus der Ewigkeit des Kosmos in die Vergänglichkeit der Welt eintritt, wenn aus Geist Fleisch wird?»

«Lass die arme Seele lieber dort, wo sie jetzt ist. Bitte fang nicht wieder mit deinen esoterischen Geschichten an, deine Lage ist viel zu ernst.»

«Du willst nicht verstehen. Die Entstehung des Lebens ist das grösste Geheimnis im Weltall. Siehst du das nicht?»

«Ich sehe deine Situation, glasklar, ich hoffe, du auch.»

«Niemand verlangt, Geheimnisse zu verstehen, sie zu ignorieren, ist aber nur dumm.»

«Dumm ist nur, dass wir sie jetzt ignorieren müssen.»

«Eine Abtreibung kommt nicht in Frage!» David hatte die Hoffnung noch immer nicht aufgegeben, dass die etwas verunglückte Interpretation seines Auftrages akzeptiert werden würde.

«Zum Glück entscheidet jemand anders. Ich gehe davon aus, dass Barbara vernünftiger sein wird.»

In seinem Ärger spürte Schönfeld, wie sehr ihm David ans Herz gewachsen war.

In diesem Moment bemerkten die beiden einen auffälligen Gast, der wie ein unruhiger Wolf in der Bar umherirrte und schliesslich zielgerichtet auf ihren Tisch zukam.

«Hier ist die Sau!» Das Beben der Stimme des jungen Mannes war noch nicht verklungen, als er sich in grosser Erregung vor Schönfeld breit machte.

«Ich glaube, Sie haben sich in der Lokalität geirrt, wir sind hier nicht auf dem Bauernhof.»

«Du Sau, machst dich auch noch lustig über mich!» Wutentbrannt packte der aufgebrachte Mann Schönfeld an der Gurgel. Alle Gäste im Lokal waren wie gelähmt, und nur Joy schien den Ernst der Lage zu erkennen. Furchtlos warf sie sich zwischen die beiden Streithähne und versuchte, sie voneinander zu trennen. Auch David, der Gewalt zutiefst verabscheute, wurde sich langsam bewusst, dass seine Muskelkraft und seine diplomatischen Fähigkeiten gefragt waren. Als er den jungen Mann – wenn auch nur zögerlich – an dessen Schultern packte, liess dieser Schönfelds Gurgel sofort los. Davids beeindruckende Statur war offensichtlich Abschreckung genug. Beruhigen liess sich der Mann allerdings nicht.

«Du hast meine Frau geschwängert! Und vorher hast du dich noch als Wohltäter aufgespielt und mich ins Ausland geschickt, damit du freie Bahn hast.»

«Wie kommst du auf so einen Bockmist? Wer erzählt solche Geschichten?»

Schönfeld hatte sich schnell von seinem ersten Schock erholt, aber er wusste, wie heikel die Situation war.

«Zufällig wurde Barbara gesehen, als sie nach eurer Liebesnacht deine Wohnung verliess.»

«Das ist doch ein grosses Missverständnis.» David versuchte die Situation zu klären.

Doch Schönfeld gab ihm keine Gelegenheit dazu: «Und hat dein zufälliger Spion auch mich gesehen?» wollte er vom aufgebrachten Ehemann Barbaras wissen.

«Das war nicht nötig, glaub mir, es ist nicht sehr schwierig gewesen, den Namen des Mieters der Wohnung herauszufinden.»

David wollte wieder etwas sagen, doch er wurde nicht mehr zur Kenntnis genommen.

Der zutiefst gedemütigte Mann liess sich nicht mehr unterbrechen: «Du hast meine Liebe zerstört, mein einziges Glück hast du mir genommen, du verdammte egoistische Sau! Ich hasse dich! Ich hasse dich!» Mit einem überraschenden Faustschlag streckte er Schönfeld zu Boden und rannte fluchend aus dem Lokal.

Vom Vorfall peinlich berührt, verliessen praktisch alle Gäste innert weniger Minuten die Bar. Diskretion war ihnen wichtig, wollten sie doch unbedingt vermeiden, in polizeiliche Abklärungen miteinbezogen zu werden. Joy, der Alte und David bückten sich über Schönfeld, der etwas benommen wirkte, aber offensichtlich seinen Humor nicht verloren hatte.

«Die Lebensqualität war auch schon besser in unserem Städtchen. Das ist nun schon die zweite Person, die früher als vorgesehen aus dem Ausland zurückkehrt und mich – ohne damit etwas zu erreichen – mit Schlägen eindeckt.»

David fühlte sich total mies: «Jonas, das ist alles nur meine Schuld. Es tut mir so leid, ich hab dich in eine unglaubliche Situation hineingeritten. Wir müssen unbedingt alle aufklären.»

«Gib ihm einen Moment, um zu sich zu kommen», sagte Joy während sie sich sorgfältig der offenen Wunde über dem linken Auge Schönfelds annahm. Der Alte nutzte die Zeit, um den Tisch wieder sauber herzurichten und neu zu decken: «Trinken wir noch eine Flasche.» Der Vorschlag schien Schönfeld, der noch immer auf dem Rücken lag, Kräfte zu verleihen. Langsam drehte er sich zur Seite, um sich aufzurappeln. Einen kurzen Moment schien er die Besinnung zu verlieren, und nur mit Mühe vermochte er sein Gleichgewicht auf allen Vieren zu halten. Erst jetzt spürte er den heftigen Schmerz des wuchtigen Faustschlages. Die Anstrengung, sich an den Tisch zu setzen, hatte er unterschätzt, doch der Kraftakt lohnte sich. Auf der Zunge erkannte Schönfeld seinen Lieblingswein. Joy hatte einen Lynch-Bages geöffnet. «Wir haben auch noch Lamm», freute sie sich, «es ist noch warm».

«Meine Wunde auch», lachte Schönfeld. «Ich glaube, für heute haben wir genug Opfer gebracht.»

Melanie Voss indessen schien ganz und gar nicht gleicher Meinung zu sein. Ihr grimmiges Gesicht liess Böses erahnen, als sie die Bar betrat und sich entschlossen vor Schönfeld stellte. Ausser der Schauspielerin kam die Situation allen verdächtig bekannt vor.

«Bitte Frau Voss, ich kann Ihnen alles erklären», stotterte David nervös.

«Halt die Klappe, du gehst mir langsam auf die Nerven. Verpiss dich, hast du immer noch nicht begriffen, dass du ständig zur falschen Zeit am falschen Ort bist?»

«Melanie, bitte», versuchte nun Schönfeld zu beschwichtigen.

«Bleib du nur ruhig, du niederträchtiges Schwein, ich glaube nicht, dass du etwas sagen solltest, bevor du mir zugehört hast.»

«Jetzt bin ich schon von der Sau zum Schwein mutiert. Es wird immer besser. Melanie, bitte, es ist nicht, wie du denkst.»

«Vielleicht solltest du dir langsam eine etwas weniger dumme Standard-Antwort einfallen lassen, aber das spielt jetzt auch keine Rolle mehr. Signore Paolini hat mich angerufen.»

«Signore wer?»

«Il marito della famosa *Barbara* Paolini, wenn du verstehst, was ich meine. Du hast mich schamlos belogen und betrogen, du mieses Schwein!»

«Melanie, du erstaunst mich schon ein wenig, ein wildfremder Mann ruft dich an, behauptet etwas, und du machst mir eine Szene, ohne vorher mit mir geredet zu haben? Das schmeichelt dir nicht gerade.»

«Du hast Nerven. Und das Nuttennest, das du gemietet hast, schmeichelt *das* etwa dir?»

«Frau Voss, ich kann Ihnen alles erklären.» David schien zu verzweifeln.

«Halt die Klappe, hast du noch immer nicht kapiert, dass dich diese Geschichte einen Scheiss angeht?»

Ihre Stimme zitterte vor Erregung. David interessierte sie wirklich nicht, ihr Blick richtete sich auf Schönfeld.

«Sieh nur, was aus mir geworden ist. Ich war mir nicht einmal zu schade, in diesem Bordell anzurufen, um zu fragen, ob du dort tatsächlich eine Wohnung gemietet hast. Wer die Hure des italienischen Zuhälters geschwängert hat, will ich gar nicht wissen. Du hast bis morgen Abend Zeit, deine Sachen abzuholen.»

Melanie schien eine Atempause zu benötigen. Sie machte einen langsamen Schritt zurück, zögerte einen Moment, um plötzlich zu einem Schlag anzusetzen. Schönfeld hatte den Angriff irgendwie erwartet, seine Hände hatten sich bereits schützend vor seinem linken Auge aufgebaut, als ihn die Faust mit voller Wucht an der rechten Kopfseite traf. Schönfeld wankte und schien das Gleichgewicht zu verlieren. Melanie Voss, offensichtlich von der Gewalt ihres Schlages selbst überrascht, stürmte zur Bar hinaus. Die Dame hatte ein Flair für Dramatik, dies war unbestreitbar.

«Wie konnte ich nur vergessen, dass sie Linkshänderin ist», stöhnte Schönfeld, an dessen Wunde sich bereits wieder Joy zu schaffen machte. Der Alte begann leise zu schmunzeln. Den Schalk in seinem Blick bemerkten auch Joy und David, die sich gegenseitig anschauten und plötzlich lauthals lachen mussten. Schönfeld empfand die unverhoffte Heiterkeit etwas unangebracht, und er hatte das dumpfe Gefühl, dass sich die drei über ihn lustig machten. Aber ihr Lachen war so ansteckend, dass sich sein Mitleid erweckendes Jammern ebenfalls in ein wohltuendes Gegröle verwandelte.

«Hier findet offenbar ein fröhliches Fest statt.» Katzenhügel, den niemand bemerkt hatte, als er die Bar betrat, war für seine brillanten Analysen bekannt, doch mit der Wirklichkeit hatten sie selten etwas gemein.

«Setzen sie sich, Herr Minister, ich schliesse die Türe, sonst wird die Fröhlichkeit wieder beeinträchtigt.» Joy stand auf, räumte die halb leeren Flaschen zusammen und versuchte, sie an Katzenhügel vorbeizuschmuggeln. Zu spät.

«Lynch-Bages! Sie trinken meinen Wein?» Der Magistrat blickte verwirrt in die Runde.

«Deinen Wein?» Schönfeld hatte den Eindruck, er hätte den Politiker falsch verstanden.

«Entschuldigen Sie, ich hab mich noch nicht vorgestellt, mein Name ist Katzenhügel, Minister Katzenhügel.»

«Ja, ja, schon ok, mein Name ist Schönfeld, Theaterdirektor Schönfeld. Was soll das mit deinem Wein?»

«Ich verlange eine Erklärung.» Der Minister, der immer etwas unglücklich wirkte, sah besonders betrübt aus und blickte zur Bar, hinter der sich Joy, welche die Beschäftigte mimte, verschanzt hatte. Die Gläser, die sie voller Hingabe spülte und trocknete, waren alles andere als schmutzig.

«Dann bring uns halt noch eine Flasche», lachte Katzenhügel und wandte sich wieder an Schönfeld. «Verstehen Sie mich nicht falsch, es ist mir eine Ehre, wenn Sie von meinem Wein trinken. Bier und Spirituosen sind nicht mein Stil, und die Pfütze, die auf der Karte angeboten wird, ist schlicht ungeniessbar, deshalb habe ich hier einen kleinen Privatkeller mit ein paar anständigen Flaschen angelegt.»

«Du bist gut! Ich hab mich immer darüber gewundert, dass in einem solchen Lokal Spitzenweine serviert werden.»

«Immer?» Katzenhügels Stimme klang sehr besorgt.

«Natürlich nicht immer. Aber ich muss sagen, du hast Geschmack, Château Lynch-Bages ist mein Lieblingsweingut.»

«Also, wo bleibt sie denn, Joy, ich hab doch gesagt, du sollst noch eine Flasche bringen, Herr Schönfeld, ich bin ein grosser Bewunderer Ihrer Kunst.»

«Das freut mich Katzenhügel, nur werde ich die Stadt bald verlassen.»

«Joy, was ist denn? Bringst du nun die Flasche?»

Joy sah hilflos zum Alten und zu David, die beiden hatten das Problem erkannt. Sie hatten dem Minister tatsächlich dessen ganzen Wein weggetrunken. Der Alte erhob sich seelenruhig und ging langsam auf Joy zu, welche ihn mit fragenden Augen anblickte. Sie glaubte, ein väterliches Lächeln zu erkennen.

«Füll die leeren Flaschen mit Wasser», sagte er sanft.

«Du hast zuviel getrunken», flüsterte Joy leise, «aber Katzenhügel ist noch ganz nüchtern, du wirst ihm doch nicht Wasser servieren wollen.»

«Füll die leeren Flaschen mit Wasser», wiederholte er. Es war nicht der Moment, sich mit dem Alten zu streiten, Joy gab nach, erfüllte den Wunsch und drückte die Korken wieder halbwegs in die Flaschenhälse.

«Herr Minister, geben sie mir einen Moment Zeit, ich hole die gewünschte Flasche. Joy ist sehr beschäftigt im Moment», sagte der Alte und bewegte sich zum Ausgang.

Katzenhügel, der sich mit Schönfeld in ein spannendes Gespräch vertieft hatte, nickte dem Alten zustimmend zu.

Joy war noch nervöser geworden, in Gedanken suchte sie verzweifelt nach den richtigen Worten, um Katzenhügel schonungsvoll beizubringen, dass sein privater Weinbestand aufgebraucht war. Sie konnte sich selbst nicht erklären, wieso sie sich an seinem

Eigentum vergriffen hatte. David war ebenfalls sehr unruhig, er regte sich aber vielmehr über sich selbst auf, ausgerechnet jetzt spielte ihm sein Gedächtnis einen Streich. Er konnte sich nämlich nicht mehr daran erinnern, wie sein Sohn, der sich vor zweitausend Jahren an einer Hochzeitsfeier in einer vergleichbaren Situation befunden hatte, das Problem gelöst hatte. Wieso musste Davids Menschwerdung nur so perfekt sein? Er hatte es bereits als sehr problematisch empfunden, mit der bescheidenen Intelligenz eines Menschen ausgestattet zu werden, aber er hätte nie gedacht, dass ihn das miserable Gedächtnis eines gewöhnlichen Erdenbürgers noch mehr stören könnte.

Der Alte war schon wieder da. Lächelnd betrat er die Bar. Joys und Davids Anspannung waren auf einem Höhepunkt angelangt, der ganze Raum schien elektrisch geladen zu sein. Schönfeld und Katzenhügel hingegen diskutierten derart angeregt, dass sie die Rückkehr des Alten nicht bemerkten.

«Schenk ein», sagte er zu Joy. Die beiden Flaschen, die er auf die Theke stellte, waren unverkennbar die gleichen, mit denen er kurz zuvor das Lokal verlassen hatte, nur waren sie jetzt eindeutig mit Rotwein gefüllt. Joys Hände zitterten, als sie fünf Gläser und eine der Flaschen an den Tisch brachte.

«Wunderbar Joy, danke, wieso ist die Flasche bereits offen? Du weißt doch, dass ich es liebe, meine Weine selbst zu entkorken».

«Herr Minister, ich muss Ihnen ein Geständnis machen.» Joy war ganz bleich geworden.

«Lass doch Joy, ist nicht so wichtig, schenk uns ein, ich habe gute Laune, heute ist ein Glückstag für mich, es ist ein wahrer Genuss, mit dem Herrn Theaterdirektor über die Bedeutung der Kultur zu diskutieren. Ohne künstlerische Kreativität könnte unser Staat doch gar nicht funktionieren. Ohne die wichtigste Infrastruktur, die es gibt, die Kultur nämlich, würden wir uns in unserem Land nicht zu Hause fühlen. Der Mensch lebt schliesslich nicht vom Brot allein. Im täglichen Leben muss ich mich mit unkultivierten geistlosen Kollegen herumschlagen, deren einzige Sorge ihrer Machterhaltung gilt.»

«Katzenhügel, so ganz ohne Machtanspruch und Karrieredenken bist wohl auch du nicht Minister geworden», unterbrach ihn Schönfeld.

«Macht an sich interessiert mich nicht, ich habe immer nur den grösseren Auftrag, das Wohl der Allgemeinheit, vor Augen gehabt. Zu den Grundpfeilern unseres Staates gehören indessen der Wille und die Kraft, das Land zu gestalten. Macht ist dazu unabdingbar, da gebe ich Ihnen recht.»

Schönfeld konnte sich ein Grinsen nicht verkneifen: «Machtmenschen brauchen auf der ganzen Welt die gleichen Worte, offenbar verdirbt die Macht nicht nur das Herz, sondern auch den Verstand. Reden wir lieber wieder über das Theater, hier scheinst du als nicht Betroffener freier und origineller zu denken.»

«Santé», rief der Alte, der ganz unbemerkt und sanft die Flasche aus Joys zittrigen Händen genommen hatte, um die Weingläser zu füllen.

Katzenhügel nahm ein Glas in die Hand und führte es langsam, fast feierlich, zu seiner Nase: «Der Wein riecht köstlich.»

Jetzt erst bemerkte der Minister, wie David und Joy mit erwartungsvollen Augen gebannt auf ihn starrten. Der Alte versuchte die Spannung zu entschärfen. Lächelnd nahm er zwei Gläser in die Hand und überreichte sie den beiden.

«Zum Wohl!»

Joy war noch immer ganz bleich, nach dem Anstossen hatte sie nicht gewagt, selbst den Wein zu kosten. Sie war überzeugt, dass jeden Moment ein Jahrhundertgewitter über sie hereinbrechen würde. Doch der Donnerschlag Katzenhügels blieb aus, dieser suchte auch nach dem dritten Schluck noch nach Superlativen, um seine Genüsse zu beschreiben.

«Trink, es ist auch dein Lieblingswein.» Die liebevoll ausgesprochenen Worte des Alten berührten Joy tief, es war, als würde der vertraute warme Klang seiner Stimme ihrer verunsicherten Seele einen schützenden Mantel der Geborgenheit umhängen. Ihr Gesicht bekam wieder Farbe, und auch ihre feuchten und kalten Hände wärmten sich allmählich auf.

«Der Wein ist ein Wunder, ein grosses Wunder», lachte Joy und tanzte voller Freude durch das ganze Lokal.

Endlich nahm auch David einen Schluck: «Tatsächlich! Unglaublich, einfach unglaublich». Und im Stillen fragte er sich: «Wer ist dieser alte Mann nur?» David fühlte sich wieder einmal wie ein unbeteiligter Zuschauer. Das schelmische Lächeln des Alten verunsicherte ihn nur noch mehr. Er fragte sich, wo er war, und wen er vor sich hatte. Der Alte erinnerte ihn sowohl an Melchisedek als auch an seinen Sohn. David hatte den Eindruck, Vergangenheit und Gegenwart gleichzeitig zu erleben. Es war, als würde die Zeit gar nicht existieren. Er begann an seinem Verstand zu zweifeln. Unbemerkt kniff sich David kräftig in die Oberschenkel. Er wollte sicher sein, dass er nicht träumte und versuchte, sich zu konzentrieren, Ruhe zu gewinnen, um die Flut seiner Gedanken zu ordnen. Tief holte er Luft. Mit jedem ganz bewusst erlebten Atemzug spürte er, wie sich die Beunruhigung über den Verlust seiner Urteilskraft allmählich verflüchtigte und sich der Nebel seiner Verwirrung auflöste. Diesseits und Jenseits, Vergangenheit und Gegenwart, die er zuvor noch verzweifelt zu unterscheiden versuchte, schienen nun zu einer harmonischen Einheit zu verschmelzen. Es wurde ihm klar, dass er in seiner bisherigen Existenz als Mensch, vom Leben völlig abgeschnitten war. David wusste nicht, ob er weinen oder lachen sollte. Joy, die noch immer voller Freude durch den Raum hüpfte, nahm ihm seine letzten Zweifel. Er sprang auf, nahm sie an den Händen und tanzte mit ihr durch den Raum: «Ich will den wunderbaren Klang des Lebens hören, fühlen, geniessen, die Schönheit der Natur empfangen, einatmen, berühren, kosten, ich will lachen, ich will weinen, ich will Mensch sein!» David war fest entschlossen, sich neu zu erden und mit beiden Beinen auf dem Boden zu stehen. Auch seinem Auftrag, den er beinahe vergessen hatte, wollte er wieder seine volle Aufmerksamkeit schenken. Vor allem aber wollte er sich um Barbara kümmern.

Schönfeld und Katzenhügel schüttelten nur noch amüsiert die Köpfe. Der Alte hingegen lächelte verständnisvoll.

*

Als David am nächsten Morgen Barbara besuchte, war er erleichtert, dass sie allein zu Hause war. Auf eine Begegnung mit ihrem Mann wäre er nicht vorbereitet gewesen. Barbara umarmte David und brach in Tränen aus: «Roberto war vor wenigen Minuten hier. Es war schrecklich, die Hölle. Er hat gedroht, mich und Schönfeld umzubringen. Er glaubt tatsächlich, dass Schönfeld der Vater unseres Kindes sei. Auch wenn ich gewollt hätte, das Missverständnis aufzuklären, er liess mich gar nicht zu Wort kommen. Ich habe Angst, grosse Angst. Es war ein Fehler, dass ich zuallererst *ihn* über meine Schwangerschaft ins Bild setzte. Ich hätte ihn nie anrufen dürfen. Aber ich konnte einfach nicht anders! Ich *musste* es ihm sagen. Ich dachte, ein ehrliches Schuldeingeständnis würde die Sache besser machen. Aber mit meinem Geständnis habe ich alles nur noch schlimmer gemacht. Ich habe Roberto mit dem Versuch, mein schlechtes Gewissen reinzuwaschen, zutiefst verletzt und mich damit noch schuldiger gemacht. Und das allerschlimmste: Als ich ihm am Telefon gestand, dass nicht er, sondern ein anderer Mann der Vater sei, schämte ich mich, von uns zu erzählen und liess ihn im Unklaren. Ein weiterer fataler Fehler!»

Die beiden setzten sich, und David machte den Versuch, sie zu beruhigen: «Du brauchst keine Angst zu haben, ich werde alles aufklären, es wird alles gut.»

«Du hast keine Ahnung, mit wem wir es zu tun haben. Roberto ist krank vor Eifersucht, es geht ihm nicht um meine Liebe, nein, Liebe hat ihn nie interessiert, für ihn bin ich sein Besitz, sein Spielzeug.»

Barbara begann laut zu schluchzen.

«Wahre Liebe wächst nur auf dem Nährboden der Freiheit», murmelte David leise vor sich hin, aber Barbara hört nicht zu:

«Ich bin das Spielzeug eines verwöhnten kleinen Jungen! Stell dir vor. Bei seinem dreissigsten Geburtstag wohnte er noch immer bei den Eltern und hing an der Brust seiner Mutter. Ein *Mammone* ist er! Verstehst du? Ein Mammone!»

«Wieso hast du nur einen solchen Menschen heiraten können?»

«Ich war unsterblich verliebt. Er war charmant, zuvorkommend. Schön, für mich der schönste Mann überhaupt, *die* Verkörperung des Schönheitsideals. Ich war wohl unglaublich verblendet.»

David hatte Mühe mit dem Begriff des Schönheitsideals. Er war sich sicher, dass ein Ideal sich im Laufe der Zeit nicht verändern konnte, zumal es sonst eben gar kein Ideal war. Begriffliche Diskurse interessierten ihn eigentlich gar nicht. Was ihn indessen sehr beunruhigte und verunsicherte, war die Tatsache, dass Barbaras Schönheitsempfinden nichts gemein hatte mit Michelangelos Meisterwerk der Renaissance. David hatte zum ersten Mal das Gefühl, dass er bei der Gestaltung seines Körpers auf einen anderen Steinhauer hätte setzen sollen.

«So schön fand ich diesen Typen nun auch wieder nicht.» Beim Ausspruch seiner Worte bereute er diese schon. Er kam sich richtig kindisch vor.

Barbara fiel Davids Eifersucht aber nicht weiter auf:

«Mit dem Abklingen meiner Verliebtheit hat auch die Trübung meiner Sinne nachgelassen, ich kann heute nichts Schönes mehr in ihm erkennen. Dies beweist, dass ich ihn nicht mehr liebe. Vielleicht war es gar so, dass ich gar nie ihn, sondern nur das Gefühl der Verliebtheit geliebt habe. So gesehen war ich nicht besser als er.»

«Das spielt nun auch keine Rolle mehr, das gibt ihm noch lange nicht das Recht, dich zu bedrohen.»

«Tod oder Scheidung, wenn ich Glück habe, die Scheidung, brüllte er mich an, als er die Wohnung verliess. Ich mach mir wirklich grosse Sorgen, auch um Schönfeld, du musst ihn warnen.»

«Du musst hier ausziehen, wir müssen etwas finden, zu mir kannst du nicht kommen, die Wohnung kennt er.»

«Er wird mich bei der Arbeit finden, ich kann nicht vor ihm fliehen.»

«Also, dann haben wir keine Wahl, wir müssen mit ihm reden.»

«Nicht jetzt, lass Zeit verstreichen. Ich brauche Zeit, und wir auch.»

Barbara und David verabredeten sich zum Abendessen. Das einzige Restaurant, das David – wenn auch nur von aussen – kannte, war ein französisches Spezialitätenlokal, das sich unmittelbar neben Joys Bar befand.

Barbara trug ein kurzes schwarzes Kleid, die hohen Absätze ihrer eleganten Schuhe betonten ihre langen Beine, und auf ihrer braun gebrannten Haut leuchtete eine weisse Perlenkette – ein Geschenk ihres Mannes zu ihrem ersten Hochzeitstag. Sie sah hinreissend aus. Nur ihre Augen wirkten unruhig und besorgt. David hatte ebenfalls keinen Aufwand gescheut, um zu gefallen. Für seinen Anzug war ihm die edelste Boutique der Stadt gerade gut genug. In der Zwischenzeit hatte er begriffen, dass auch ein Schönheitsideal gegen die Vergänglichkeit nichts ausrichten konnte, dass alle Ideale womöglich nur tote Kopfgeburten darstellten. Vielleicht waren sie eigens dazu erfunden worden, um den Menschen ihre Unzulänglichkeiten vor Augen zu führen und sie unglücklich zu machen. Doch das war jetzt nicht so wichtig. David war gerührt, als er Barbara vor dem Eingang des Restaurants bemerkte. Ihre zarte Gestalt strahlte Stil und Klasse aus, auch dann noch, als David sie in die Arme nahm und spürte, wie zerbrechlich und verletzt sie war.

Die beiden betraten das Restaurant. Die Tische waren festlich mit weissen Tüchern, rosa Servietten, Kristallgläsern und silbernem Besteck gedeckt. Offensichtlich hatten im zweifelhaften Quartier auch gepflegte Gaststätten ihren Platz. Ein sympathischer Kellner führte die beiden an einen Tisch zu und offerierte ein kleines Amuse-Bouche. Er hatte sofort erkannt, dass die ersten Gäste des Abends keine Habitués waren. Auch war ihm schnell klar geworden, dass sie wohl einen kleinen Schock bei der Durchsicht der Menukarte bekommen würden. Ein von Michelin mit zwei Sternen ausgezeichnetes Restaurant war bekanntlich nie billig. Ohne einen Blick in die Speisekarte zu werfen, bestellte David zweimal das Menu Dégustation. Der Kellner nahm die Bestellung etwas besorgt entgegen. Als er hörte, dass sein unbedachter Gast bei der Wahl des Weines nur Lynch-Bages und Tignanello zu kennen schien, war der Moment gekommen, um höflich, aber bestimmt, einzugreifen.

«Wollen Sie vielleicht einmal etwas Neues kennenlernen? Vielleicht einen dieser Crus Bourgeois aus unserer Weinkarte? Ich kann Ihnen versichern, manche dieser Etikettentrinker würden in einer Blinddegustation nie einen Premier Grand Cru von einem ausgezeichneten Cru Bourgeois unterscheiden können.»

Verschmitzt fügte er hinzu:

«Diesen Wein beispielsweise», und er zeigte auf den Château Citran, «könnte ich doch glatt in eine Flasche mit einer prestigereicheren Etikette abfüllen, das würde niemand merken. Aber das würde ich selbstverständlich nie tun.»

«Nur in Notfällen», lachte eine Stimme aus dem Hintergrund. «Ich muss noch meine Schulden von gestern Abend begleichen, aber lass dich nicht stören, ich lege das Geld zur Kasse.»

David war sprachlos, als er den Alten an der Theke erkannte. In diesem Lokal hätte er ihn nie erwartet.

«Also, was soll ich Ihnen bringen?» fragte der Kellner höflich. «Den Lynch-Bages von gestern», stammelte David, «ich meine diesen Zitronenwein, sie wissen schon, bringen Sie, was sie wollen.».

Als David sich erheben wollte, um den Alten zu begrüssen, war dieser schon verschwunden.

Barbara schien noch bedrückter als am Morgen zu sein. Ihre Sorgenfalten hatten sich unbarmherzig in ihr Gesicht eingegraben: «Ich spüre, dass das Schlimmste passieren wird.»

«Er wird sich schon beruhigen.» Davids Antwort klang nicht sehr überzeugend.

«Ich spüre es. Ich weiss es.» Barbara begann zu zittern. Noch bevor David etwas sagen konnte, heulten laute Sirenen durch die Strassen.

«Es ist passiert», sagte Barbara ganz bleich.

Der Kellner versuchte, die bedrückende Stimmung zu entschärfen:

«Lassen Sie sich von den Sirenen nicht beeindrucken. Die Polizei versucht, Präsenz zu markieren, doch ihr abendliches Ritual ist in Tat und Wahrheit ein ebenso hilfloser wie lächerlicher Aufschrei im längst verlorenen Kampf gegen den Drogenhandel und die Prostitution. Geniessen Sie den Abend. Vergessen sie, was draussen vor sich geht.»

«David, es ist passiert, es ist passiert, ich spüre es, bitte, David, ich will gehen. Herr Ober, entschuldigen Sie, wir würden gerne bezahlen, wir müssen gehen.»

Der Kellner hatte ausser dem Amuse-Bouche noch nichts serviert, und irgendwie war er erleichtert, dass er die beiden nicht mit den Preisen seines Gourmettempels konfrontieren musste.

«Gehen Sie nur, pas de problème Madame, es sind keine Kosten entstanden.»

Barbara war schon an der Türe, als sich David, dem die Situation sichtlich unangenehm war, noch beim Kellner bedankte.

Gegenüber dem Restaurant hatte sich eine grosse Menschenmenge versammelt. Der Eingang zu Joys Bar war abgesperrt, Streifenwagen blinkten, und ein Krankenwagen war soeben im Begriff loszufahren. David nahm Barbaras Hand, sie war eiskalt. Wie in Trance blickten beide in den hinteren Teil des Fahrzeuges des Notfalldienstes. Er war leer.

«Es scheint nichts passiert zu sein», versuchte David Barbara und sich selbst Mut zu machen.

«Es ist passiert! Ich weiss es!»

Noch immer blinkten die Streifenwagen, es sah nicht aus, als würden diese dem Krankenwagen folgen wollen. Im Gegenteil, Beamte der Polizei versuchten, die immer zahlreicher werdenden

Schaulustigen zurückzudrängen, um Platz für zwei weitere Fahrzeuge zu schaffen.

«Wir müssen in die Bar.»

«Bist du verrückt, wir können doch jetzt nicht da hinein.» David spürte, wie sich Barbaras Hand verkrampfte, ihr ganzer Körper erstarrte, als würde sie sich in eine Salzsäule verwandeln.

«Ich muss hinein.»

Ein blauer Gefängniswagen und ein dunkler Stationswagen fuhren vor. David konnte Barbara noch zurückhalten. Doch als Roberto Paolini – in Handschellen gelegt und teilnahmslos den Blick zu Boden gerichtet – von zwei Beamten aus der Bar abgeführt wurde, war der hysterische Ausbruch Barbaras nicht mehr zu verhindern. David nahm einen fürchterlichen stechenden Schmerz in seinen Ohren wahr. Ihr Kreischen war gnadenlos. Es war, als würde er seine Bodenhaftung verlieren, langsam abheben, sich in Nebel auflösen und nur noch ein unbeteiligter Zuschauer sein. Er versuchte, tief durchzuatmen und sich zu sammeln. Barbara brüllte immer lauter und schriller. Die Situation war längst ausser Kontrolle. Gleichwohl unternahm David einen unbeholfenen Versuch, Barbara zu beruhigen, doch damit machte er alles noch viel schlimmer. Ihren grauenhaften Lauten liess sie nun ein regelrechtes Feuerwerk an Faustschlägen folgen. Sie begann unaufhörlich auf David einzuhämmern. Jeder einzelne Schlag war ein empfindlicher Treffer. David krümmte sich vor Schmerz, sein ganzer Körper, seine ganze Seele, schien zu brennen. Er wusste, dass er sich diesen Schmerz selbst zugefügt hatte. Irgendwann war Barbaras Kraft zu Ende. Schluchzend brach sie zusammen, und endlich konnte David sie in die Arme nehmen. Die beiden waren zu erschöpft, um noch etwas wahrzunehmen. Dass Schönfelds Leiche in einem grauen Kunststoffsarg unmittelbar neben ihnen in den schwarzen Stationswagen geschoben wurde, bemerkten sie nicht mehr. Hand in Hand entfernten sie sich langsam vom Ort des Schreckens.

*

Barbaras und Robertos Wohnung hatte David bei seinem ersten Besuch schon nicht besonders gefallen, doch jetzt wirkte sie besonders unfreundlich und leer. Die Leere war spürbar, und sie hatte einen Namen. Aber David mochte ihn nicht aussprechen. Er hatte ein Desaster angerichtet. Die Freiheit, sein Leben selbst zu bestimmen, war ihm schlecht bekommen. Es wurde ihm klar, dass es gar nicht möglich war, *nur* über sein *eigenes* Leben zu bestimmen. Die ganze Welt, ja der ganze Kosmos schien miteinander verbunden zu sein. Jedes Wort, jede Handlung hatte unabsehbare Konsequenzen, die weit über das einzelne Individuum hinaus reichten. Die gegenseitige Abhängigkeit und die Wechselwirkungen allen Lebens sah David noch nie so deutlich wie jetzt. Er schlug sich mit der Faust an den Kopf:

«Ich Idiot! Das hätte ich mir denken können. Denken, Denken, Denken! Und zwar vorher und richtig!»

Wenn Menschen nicht einmal in der Lage sind, richtig zu denken, wie sollen sie denn fähig sein, richtig zu handeln? Was aber beinhaltete richtiges Denken? Hatte diese Frage nicht die Aufklärung ein für alle Mal beantwortet? Vielleicht war die Freiheit des Denkens und Handelns nur eine Illusion, und der Versuch, die hehren Ziele richtigen Denkens zu erreichen, ein aussichtsloses, verzweifeltes Haschen nach dem Wind. David musste für seine neuen, verunsichernden Erkenntnisse teuer bezahlen, er wünschte sich, die dramatischen Ereignisse um Schönfeld, Paolini und Barbara hätten nie stattgefunden.

*

Schönfelds Beerdigung hätte er selbst nicht besser inszenieren können. Die Stadtkirche war bis auf den hintersten Platz besetzt, und auch die Liste der eingetragenen Redner strotzte vor prominenten Namen. David kannte die meisten zu seinem grossen Erstaunen. Schönfeld hatte sie im Zusammenhang mit seiner Entlassung mehrfach erwähnt und mit nicht gerade freundlichen Worten bedacht. Umso beeindruckter war David, wie elegant die meisten Redner die kurvenreichen Lebensabschnitte Schönfelds vom anfänglich hochgelobten Messias über den verschmähten Buhmann bis zum tragischen Opfer meisterten. Dass sie ihre Intrigen dabei ausblendeten, empfand David als dem Anlass durchaus angemessen. Als ein Sprecher des Kulturdepartements eine Hymne auf die Stadt anstimmte und grossspurig verkündete, dass sie dank ihres genialen Sohnes selbst Unsterblichkeit erlangt habe, mochte David nicht mehr zuhören. Einzig Katzenhügel, dem die Ehre des letzten Wortes zukam, konnte Davids Aufmerksamkeit noch einmal wecken. Vielleicht war der Magistrat der einzige Redner, der wirklich betroffen war. Er beweinte einen grossen Freund, den er nie hatte, was er aber nicht sagte, und er weinte auch nicht über Schönfeld, sondern nur über sich, was aber ausser David, Joy und der Alte ebenfalls niemand bemerkte. Mehr als die Schalmeienklänge auf der Kanzel beunruhigte David die Sitzordnung in der prall gefüllten Kirche. Schönfelds Freunde und Anhänger sassen eng beieinander, aber in auffällig grosser Distanz zu Melanie Voss und deren Gefolge. War hier schon eine Spaltung sichtbar? War nach der Ära des Messias Schönfeld schon diejenige der Prophetin Melanie Voss angebrochen? Würde es künftig Graben- und Glaubenskämpfe zwischen den unversöhnlich wirkenden Gruppen geben? Und was war mit den restlichen, etwas gelangweilt und unbeteiligt in den Reihen sitzenden Zuschauern? Würde man sie künftig diffamieren, weil zufällig ein Bewohner ihrer Stadt den Messias der deutschsprachigen Theaterszene umgebracht hatte, und dies obwohl der Mörder keiner der ihrigen war, sondern aus der Kapitale des südlichen Nachbarlandes stammte? Davids Gedanken schienen ihm reichlich absurd, so dumm können Menschen gar nicht sein, beruhigte er sich selbst.

«Psst, psst, ich bin es. Hallo, hörst du mich, ich bin es.»

David glaubte zu träumen, als er in seinem Innern eine bekannte Stimme zu erkennen schien.

«Psst, psst, ich bin es tatsächlich.»

Beunruhigt kniff sich David in die Beine und versuchte krampfhaft, sich auf den Gottesdienst zu konzentrieren. Im Hintergrund hörte er, wie das letzte Stück von Brahms Requiem zu Ende gespielt wurde und der Pfarrer zu einem Gebet ansetzte. Er bat die Anwesenden um Ruhe, und es wurde still in der Kirche.

Doch die Stimme im Innern Davids liess nicht locker:

«Wach auf, wach auf.»

«Jonas!» Davids durchdringender Aufschrei schlug wie ein entsetzlicher Blitz in der Kirche ein. Der Moment konnte nicht ungünstiger sein. Schönfelds Mahagoni-Sarg, ein grosszügiges Geschenk der Stadtregierung, wurde gerade feierlich aus der Kirche getragen.

Joy, die David an die Abdankung begleitet hatte, versuchte ihn zu beruhigen. Sie legte ihren Arm über seine angespannten Schultern:

«Ist schon gut, versuch, dich zu entspannen.»

David war bleich, schwitzte stark, und sein Puls schien Höchstwerte zu erzielen.

«Joy, ich muss hier raus, ich muss hier raus. Ich halte es nicht mehr aus. Ich glaube, ich spinne, ich brauche Luft, Luft.»

Als David mit einer abrupten Bewegung aufstand und Hals über Kopf zum Ausgang der Kirche rannte, befürchtete der scheinbar geistesgegenwärtige Pfarrer, dass sich der aufgewühlte Mann auf Schönfelds Sarg stürzen würde. «Haltet ihn auf!»

Zwei der sechs Sargträger reagierten rasch und stellten sich David entschlossen in den Weg. Doch unglücklicherweise entglitt ihnen dabei ihre wertvolle Last. Der Sarg, offensichtlich nur eine billig furnierte Tannenholzversion, fiel mit voller Wucht zu Boden und zerschellte in mehrere Teile. Der Schock war riesig. Die Totenstarre der entblössten Leiche schien sich auf die vor Entsetzen gelähmte Gemeinde zu übertragen. Der hoffnungslos überforderte Pfarrer versuchte die Situation zu entschärfen und legte eine CD in die Musikanlage. Allein, als von den Lautsprechern «Grosser Gott wir loben dich» zu hören war, fanden dies die bereits zu Genüge strapazierten Trauergäste äusserst pietät-

und geschmacklos. Der Pfarrer bemerkte seinen Fehltritt viel zu spät, hatte aber endgültig nicht mehr den Mut, im zunehmend makaberen Theater noch einmal Regie zu führen. Er bedauerte in diesem Moment zutiefst, dass er sich auf einen faulen liturgischen Kompromiss eingelassen hatte. Seit bald 500 Jahren war nie mehr ein Sarg in dieser Kirche aufgebahrt worden. Sein Zugeständnis an die erzkonservative Familie Schönfelds war gewissermassen ein Bruch mit der Tradition und noch schlimmer ein Verrat an seinem Glaubensverständnis. Eine Abdankung war schliesslich keine Totenfeier! Inmitten der hellen Aufregung zog Joy ruhig ihren Mantel aus und beugte sich über die Leiche Schönfelds. Sanft küsste sie seine Stirn und bedeckte den leblosen Körper. Zum ersten Mal war in der Kirche ein Hauch von echter Anteilnahme spürbar. Joy stand auf und schaute langsam in die Runde, doch niemand hatte den Mut, ihren Blick zu erwidern. Sie war sich nicht einmal sicher, ob die versammelte Gemeinde, die geschlossen und beschämt zu Boden blickte, überhaupt sehen konnte. Es war, als würde ihr dazu das Licht der Menschlichkeit fehlen. Joy nahm David an der Hand und verliess mit ihm das Gebäude. Nicht weit hinter ihnen folgte der Alte, der die Trauergäste ebenfalls irritierte. Er schien sich köstlich über die Situation amüsiert zu haben.

25 Jahre später

Schloss Hohenfels war ein stattliches Anwesen, dessen Ursprünge bis weit in das Mittelalter reichten. Als seine blaublütigen Besitzer den kostspieligen Unterhalt vor 100 Jahren nicht mehr finanzieren konnten, gelangte das einst stolze Schloss in den Besitz des Staates, der im Prachtsbau eine psychiatrische Klinik einrichtete. Doch nun war auch dem Staat das Geld ausgegangen, und die Anstalt sollte geschlossen werden. Besonders schwerwiegend schien sich der Entscheid auf einige chronisch kranke Menschen auszuwirken, die schon seit Jahren in Hohenfels lebten und für die das Schloss zu einem Zuhause geworden war. Felix Huber, ein freundlicher Herr im fortgeschrittenen Alter, zählte zu ihnen. Er litt an bizarren Wahnphänomenen und hörte immer wieder seltsame Stimmen. Zwischen seinen psychotischen Schüben wirkte der Mann völlig normal. Leider hatte sich sein Gesundheitszustand mit den Jahren zusehends verschlechtert. Er schien endgültig nicht mehr in der Lage zu sein, aus seinem Wahnsystem und seinen Halluzinationen auszubrechen. Die Diagnose war eindeutig: paranoide Schizophrenie. Dagegen konnten auch Medikamente, ein geregelter Tagesablauf und ein warmes emotionales Klima nichts ausrichten. Doch zumindest waren die therapeutischen Ansätze so hilfreich, dass Huber sich mit seiner Krankheit versöhnt hatte. Er strahlte Zufriedenheit und Gelassenheit aus. Allein, seine Halluzinationen hatten etwas Ansteckendes an sich. Zwei Ärzte hatten sich sogar versetzen lassen, weil sie angesichts Hubers bizarrer Wahrnehmungen selbst nicht mehr zwischen Wahn und Wirklichkeit zu unterscheiden vermochten. Anna Müller, eine junge Psychiatriepflegerin, geriet sogar derart in den Bann Hubers, dass sie dessen Aussagen zu überprüfen begann. Nachforschungen gestalteten sich aber äusserst schwierig, da sämtliche ältere Krankheitsgeschichten einem Brand vor 15 Jahren zum Opfer gefallen waren. Man konnte nicht einmal mehr mit genauer Sicherheit sagen, wann Huber eingeliefert worden war. Er hatte keine Angehörigen, die einzige Person, die ihn regelmässig besuchte, war eine ältere dunkelhäutige Dame, die aber fast ebenso rätselhaft war.

«Ob die Geschichte wahr ist oder von einem gelebten Traum erzählt, müssen Sie selbst herausfinden», pflegte sie Anna Müller auf deren zahlreichen Fragen zu antworten. Der Psychiatriepflegerin gelang es aber immerhin, im Internet eine der zentralen Figuren aus Hubers Erzählungen zu finden. In Wikipedia stiess sie auf einen Bericht über einen grossartigen Regisseur namens Jonas Schönfeld, der einem Eifersuchtsdrama zum Opfer gefallen war. Von einer vermeintlichen Geliebten, die einige Monate später bei der Geburt ihres Sohnes angeblich ebenfalls ums Leben gekommen sei, war allerdings nichts zu lesen. Hubers Schilderungen wirkten für sie deshalb aber nicht weniger glaubwürdig. Auch die Tatsache, dass sie im Netz keine Bezüge zwischen den beiden Männern finden konnte, vermochte sie nicht davon abzubringen, an den Wahrheitsgehalt von Hubers Geschichten zu glauben.

Die Psychiatriepflegerin hatte im Blick auf ihre Nachforschungen schon beinahe die Hoffnung aufgegeben, als ein neuer Patient in der geschlossenen Abteilung die Aufmerksamkeit Hubers auf sich zog. Obwohl die Klinik herunter gekommen war und kurz vor der Schliessung stand, hatte man ihr einen verwirrten Mann anvertraut, der im Zusammenhang mit einem Attentat Schlagzeilen gemacht hatte.

Gianluca Paolini hatte keinen einfachen Start ins Leben. Die Mutter starb bei seiner Geburt, der Vater erhängte sich bei der Verbüssung einer lebenslänglichen Gefängnisstrafe. Das Gesuch einer in finanziell bescheidenen Verhältnissen lebenden Afrikanerin, das kleine Kind zu sich zu nehmen, wurde abschlägig beantwortet, da die Frau weder einen verwandtschaftlichen noch freundschaftlichen Bezug zur Familie nachweisen konnte. Ausserdem schien ihre Reputation nicht über alle Zweifel erhaben zu sein, und auch ihre Fähigkeit, ein Kind zu erziehen, wurde in Frage gestellt. Gianluca Paolinis erste Lebensjahre waren damit vorgespurt. Als Waisenkind verbrachte er praktisch seine ganze Jugend in städtischen Heimen. Doch anders als man auf Grund seiner Biographie hätte annehmen können, entwickelte er sich zu einem lebensfrohen jungen Mann, dessen Liebe der Musik und der schönen Künste galt. Paolini galt als «Vorzeige-Heimkind» als er das Abitur als Klassenbester und seine historischen Studien an der renommiertesten Universität des Landes mit Auszeichnung abschloss. Er begann, in angesehenen Zeitungen zu publizieren. Anfänglich in liberal konservativen Blättern, dann immer mehr in linken Wochenzeitungen. Sein erstes Buch mit dem Titel «Krebsgeschwüre unserer Gesellschaft» erregte grosses Aufsehen. Noch nie wurde eine Publikation landesweit so intensiv diskutiert. Die

Hauptthese, wonach es Bürgerpflicht sei, eine Gesellschaft von ihren Krebsgeschwüren zu befreien, notfalls auch mit Gewalt, stiess erwartungsgemäss auf grosse Ablehnung. Hätte Paolini die Karzinome nicht unzweifelhaft und mit wissenschaftlicher Genauigkeit beschrieben und personifiziert, wäre sein Buch wohl – wie viele vor und nach ihm – in einem staubigen Regal verschwunden. Eine der problematischsten Stellen seiner Ausführungen war ein Angriff auf den Heiligen Vater. Wenn es nicht möglich sei, den Papst wegen seiner verantwortungslosen Haltung in der Verhütungsfrage vor Gericht zu bringen und ihn als Verbrecher gegen die Menschlichkeit zu verurteilen, sei es Pflicht aller Gläubigen, sich gegen ihn zu stellen. Andernfalls würden sie sich mitschuldig machen am erbärmlichen Tod von Millionen von Aidskranken, die nur deshalb vom HIV-Virus infiziert worden seien, weil sie es nicht gewagt hätten, Kondome zu benutzen. Den Einwand eines Feuilletonisten, das Buch sei etwa so subversiv wie das Aufbegehren frommer Nonnen gegen altbackene, aber längst gelockerte Kleidervorschriften, mochte Paolini nicht gelten lassen. Millionen von Menschen begäben sich noch immer freiwillig und ohne Zwang auf das geistige Niveau des Mittelalters und würden allen Ernstes an ein höheres Wesen glauben und einem Voodoo-Priester und selbsternannten Stellvertreter Gottes ihr Vertrauen schenken. Das Thema möge altbacken wirken, die Pandemie der religiösen Verblendung und das damit verbundene menschliche Leid seien aber aktuell wie nie zuvor. Auf den Gedanken, er könnte selbst einen Irrgarten geschaffen und sich darin verloren haben, war Paolini nie gekommen. Zu sehr vertraute er auf seine brillanten intellektuellen Fähigkeiten.

Als er dann noch ein zweites Buch mit dem Titel «Vergewaltigen, Verschweigen, Vertuschen: der pädokriminelle Männerbund» folgen liess und darin den sexuellen Missbrauch in der Kirche anprangerte, war der Skandal perfekt. Zu einem dritten Buch kam es nicht mehr. Paolini wurde verhaftet. Den bei einem Staatsbesuch erschossenen Ministerpräsidenten eines Nachbarlandes hatte er in seinem ersten Bestseller als Gladiator des Rechtspopulismus bezeichnet und den Krebsgeschwüren zugeordnet. Und so zweifelte die Polizei keinen Moment daran, dass Paolini in diesem beispiellosen Terrorakt eine zentrale Figur darstellte.

*

«Sie haben Besuch.»

Gianluca spielte gerade Mozart und liess sich nicht stören, als Anna mit ihrem Gast auftauchte. Es war nicht eindeutig, wer nervöser war, Huber oder die Psychiatriepflegerin. Rasch verabschiedete sich Anna und liess die beiden Männer allein im Zimmer zurück. Natürlich nicht ohne die Türe wieder sicher zu verriegeln. Felix Huber rührte sich nicht vom Fleck und konzentrierte sich auf die Musik. Nach nur wenigen Klängen wusste er: Vor ihm spielte ein begnadeter Virtuose.

Huber kannte die Stelle aus Mozarts Requiem. Leise, fast unhörbar, stimmte er in die Hymne über das jüngste Gericht ein:

«Tag der Rache. Tag der Sünde. Wird das Weltall sich entzünden.»

Huber, der über all die Jahre in der Klinik nie seine Fassung verloren hatte, brach in Tränen aus und versuchte, Gianluca zu umarmen:

«Du bist mein geliebter Sohn!»

Paolini geriet in Rage. «Hey, lass mich los. Welcher Teufel hat dich denn geritten?»

Ein Spinner, dachte Gianluca, ein weiterer Spinner. «Dieses Haus besteht ja wirklich nur aus verirrten Seelen. Anna, verdammt noch mal, wo sind Sie? Schwester Anna!» Gianlucas Stimme bebte.

Huber konnte sich nicht zurückhalten:

«Ich habe mehr als zwanzig Jahre so getan, als würde ich nicht existieren, zu lange habe ich geschwiegen. Gianluca, bitte verzeih mir, verzeih mir. Meine Gefühle, sie sind stärker als ich, *ich* bin dein Vater!»

«Halt jetzt endlich die Klappe und lass mich spielen, was fällt denen überhaupt ein, dich bei mir einzuschleusen. Bist du ein Bulle? Ein Scheissbulle? Anna, Anna, wo bleibt sie denn, diese Gott verdammte Anna?»

Anna Müller stand ganz dicht hinter der verschlossenen Türe und saugte jedes Wort auf. Inbrünstig hoffte sie, dass in diesen Minuten keine ihrer Kolleginnen oder Vorgesetzten auftauchen würden. Für die Initiative, die beiden zusammen zu bringen, hätte sie bestimmt keine Lorbeeren geerntet, zumal Besuche in der geschlossenen Abteilung ohne ausdrückliche Bewilligung der Klinikleitung nicht erlaubt waren.

«Bis Anna auftaucht, solltest du einfach deine Klappe halten, am besten tust du so, als würdest du nicht existieren. Dann haben wir keine Probleme miteinander!»

Gianluca hob den Zeigefinger, hielt ihn vor seinen Mund und

griff zur Geige.

«Entschuldigung.» Huber fiel nichts Besseres ein.

«Sei still. Worte sind nicht das Leben, sie beschreiben es vielleicht, manchmal besser, meistens schlechter, die Welt ist Klang, wenn du Ohren hast, dann hör zu.»

Behutsam legte Gianluca seine Geige auf die Schulter. Konzentriert und andächtig, zärtlich fast, führte er den Bogen zu den Saiten. Der erste Ton drang direkt in Hubers Herz. Natürlich erkannte er auch die Mondscheinsonate. Endlich war er vereint mit seinem Sohn, vereint durch Beethovens Musik. Endlich konnte er nun auch den Klang seiner eigenen Seele hören. Wie Aquarellfarben flossen die Harmonien Beethovens ineinander und erweckten in Huber neue Lebensgeister. Er spürte, wie er wieder ganz Mensch wurde, er war wieder *David*. Wie viele lange Jahre hatte er darauf warten müssen! David bemerkte erst jetzt, wie melancholisch seine Stimmung geworden war, wie kalt der Raum wirkte und wie tief ihn Gianlucas eindringliches Geigenspiel berührte. Es war, als klagte ein einsamer und verzweifelter Mensch vor der Türe seines Herzens.

Leise öffnete Anna Müller die Türe. Gianluca hatte abrupt mit dem Spielen aufgehört. Die Stille nach dem letzten Ton war ihr unheimlich gewesen, sie hatte Angst, es könnte etwas passiert sein. Die beiden Männer standen wortlos nebeneinander und blickten zum Fenster hinaus. Erst jetzt sah Anna Müller die verletzte Taube auf dem Sims. Ihre Flügel schienen gebrochen zu sein.

«Entschuldigen Sie, Herr Huber, ich bitte Sie, mit mir mitzukommen.»

David und Gianluca hatten nur einen kurzen Moment zu Anna

geschaut, und als sie sich wieder der Taube zuwenden wollten, war sie verschwunden. Die Gitter an den Fenstern machte es den beiden unmöglich, das Schicksal des Vogels weiterzuverfolgen.

«Herr Huber, kommen Sie bitte.»

«Anna, bringen Sie den Spinner morgen wieder. Er scheint sehr musikalisch zu sein.»

Gianlucas unerwartete Worte waren Balsam für Anna und David. Tränen schossen ihnen in die Augen. Doch der kurze Moment der Freude wich einem Gefühl von Ohnmacht und Schwere. Als Anna die Türe hinter Gianluca verriegelte, hätte sie laut aufschreien können. Selten hatte sie sich so schlecht gefühlt, derart Mühe gehabt, die Türe hinter einem Patienten zu verschliessen. Still und mit sich selbst beschäftigt, verliess sie mit David die geschlossene Abteilung.

Am nächsten Tag nutzte sie die erstbeste Gelegenheit, um die beiden Männer wieder zusammenzuführen. Am liebsten hätte sie sich mit Gianluca und David eingeschlossen, doch dieses Risiko konnte sie nicht eingehen.

Still lauschte sie an der Türe.

«Gianluca, du bist ein grossartiger Musiker.»

«Ich bin nur ein Medium, das die Klänge der Welt aufnimmt und sie für andere hörbar macht.»

«Du bist zu bescheiden.»

«Bescheiden? Da bin ich mir nicht so sicher. Sonst würde ich den Garten Gottes wohl nicht von seinem Unkraut zu befreien versuchen.»

«Was meinst du damit?»

«Weißt du nicht, wieso ich hier bin? Hast du die Presseberichte über mich nicht gelesen?»

«Ich lese grundsätzlich keine Zeitungen, doch ich gestehe, Jonas hat mir ins Ohr gesetzt, ich soll die Berichte über dich lesen.»

«Jonas?»

«Ja, Jonas, der Grund, wieso *ich* hier bin. Er spricht zu mir. Jonas Schönfeld, vor mehr als 20 Jahren wurde er kaltblütig ermordet. Doch er ist fidel wie nie zuvor.»

«Einer von uns spinnt wirklich.»

«Hast du etwas mit dem Attentat auf Lundgren zu tun?»

«Jetzt, wo ich als verrückt gelte, kann ich die Tat ja gestehen. Ja, ich habe diesen braunen Mistkerl erschossen. Hinter seiner offiziellen Fassade als Ministerpräsident wirkte das Schwein im Verborgenen als treibende Kraft rechtsradikaler Kräfte. Längst überwunden geglaubte Geister breiten sich gegenwärtig aus wie ein Krebsgeschwür. Und dank den Brandbeschleunigern im Netz bilden sie rasend schnell Metastasen.»

David war entsetzt, er konnte nicht glauben, dass sein Sohn diese fürchterliche Tat begangen hatte.

«Bitte, nein, das kann nicht wahr sein, du bist mein Sohn, mein geliebter Sohn, wie kannst du nur so etwas tun. Gianluca, um Gottes Willen, denk an meinen Auftrag.»

«Welchen Auftrag, was schwafelst du da?»

David hatte nun Klarheit. Sein Auftrag war noch immer nicht erfüllt. Mehr als 20 lange Jahre hatte er warten müssen, um zu dieser schrecklichen Gewissheit zu gelangen. Doch nun war es endgültig: Concetta war nicht austauschbar, und Gianluca definitiv nicht das Wunderkind, das den Lauf der Welt hätte korrigieren können. Im Gegenteil.

«Gianluca», Davids Stimme klang verzweifelt. «Es gibt nichts Wertvolleres als das menschliche Leben. Der Tod darf nie das letzte Wort haben.»

«Der Tod *ist* das letzte Wort.»

David stockte der Atem. Er spürte einen heftigen Schmerz. Als hätte er gerade einen Schlag in die Magengegend verpasst bekommen.

Gianluca sprach unbeeindruckt weiter:

«Auch du bringst den Tod.»

«Ich verstehe nicht.»

«Sieh doch nur, worauf du stehst. Im Moment deiner grossen Worte bist du auf zwei Waldschaben getreten und hast deren Leben ausgelöscht. Damit bist du aber in guter Gesellschaft. Schau auf die blühenden Blumen draussen im Garten. Wunderbar, nicht wahr? Bist du nicht auch dankbar dafür, dass der Gärtner die zarten Pflanzen von Zeit zu Zeit von Unkraut und Schädlingen befreit?»

«Gianluca! Was du machst, ist nur Mord. Du bekämpfst das Böse mit dem Bösen.»

«Du hast noch immer nicht verstanden. Ich bekämpfe das Böse nicht mit dem Bösen, sondern ich befreie das Gute vom Bösen. Ich bin der Gärtner, der die schöne Pflanzenwelt vom hässlichen Unkraut befreit, der Chirurg, der die Menschen von ihren Krebsgeschwüren erlöst.»

«Du spielst Gott.»

«Nein, wenn ich Gott spielen würde, würde ich den Garten verwuchern lassen und unbeteiligt dabei zusehen. Wenn Gott seinen Job machen und die wütenden Teufel dieser Welt zur Rechenschaft ziehen würde, müsste ich nicht aktiv sein. Es darf keinen faulen Frieden mit der Ungerechtigkeit geben, sie ist zu bekämpfen, notfalls mit Gewalt.»

«Wer Gewalt sät, wird Gewalt ernten.» Davids Argument stiess auf taube Ohren.

Da brachte sich eine dritte Stimme ins Gespräch ein:

«Der Mangel an Achtsamkeit ist dafür verantwortlich, dass unser Planet voller Gewalttätigkeit und Leiden ist. Elend und Ungerechtigkeit werden erst verschwinden, wenn sie nicht mehr kaltschnäuzig ignoriert werden, und bis zu diesem Zeitpunkt wird die Vergänglichkeit der Ignoranten die einzige Hoffnung der Leidtragenden dieser Welt sein.»

«Wer war das?» fragte Gianluca zutiefst erschrocken.

David hatte die Stimme Schönfelds in den letzten Jahren mehr und mehr verinnerlicht und mit der Zeit für seine eigenen Gedanken gehalten. Schliesslich hatte ihn die Tatsache, dass Schönfeld für die Aussenwelt nicht wahrnehmbar war, ins Irrenhaus gebracht. David ignorierte deshalb Gianlucas Frage ganz natürlich und führte die Diskussion fort:

«Die Hydra des Bösen wird mit jedem abgeschlagenen Kopf zehn neue Häupter produzieren, du wirst im Blut deiner Schlacht ertrinken, sie ist nicht zu gewinnen.»

«Du meinst, ich soll die Wurzel des Übels bekämpfen und diejenigen erschiessen, die Lundgren gewählt haben? Diese hohle Masse, die sich ihrer selbst verschuldeten Unmündigkeit gar nicht bewusst ist und selbstzufrieden dahin vegetiert, solange sie Partys feiern kann, zu saufen und zu fressen hat? Diese unbedarften Marionetten, welche mit ihrer hündischen Nachfolge die demagogischen Hassprediger erst mächtig machen? Aber sag jetzt, ich glaub ich spinne. Vorher hat doch jemand anders als Du geredet.»

David ging wieder nicht auf die Stimme ein:

«Menschen, die feiern, tanzen und singen, führen keine Kriege. Und sie bringen keine Menschen um. Vielleicht sollte man die Wähler Lundgrens entmündigen und einsperren», lachte David, «aber die Sache ist viel zu Ernst, um darüber Witze zu machen. Gianluca - mit jedem Mord stirbt ein Stück von Dir.»

Die Frage nach der unerklärlichen Stimme schien in den Hintergrund zu treten.

*

Lundgren war nicht das einzige Opfer Gianlucas. Als er jünger war, hatte er schon einmal den Drang verspürt, für Gerechtigkeit zu sorgen. Er weilte damals gerade in den Weihnachtsferien, als der örtliche Kurverein für das Rahmenprogramm ihres jährlich stattfindenden Weltwirtschaftsforums freiwillige Helfer suchte. Als belesener, charmanter und redegewandter Geschichtsstudent zählte Gianluca zu den idealen Kandidaten, um den Top Shots der Wirtschaft auf gemütlichen Bergwanderungen Natur, Geschichte und Kultur des Gastgeberlandes nahe zu bringen. Dem Veranstalter war es wichtig, dass er den Forumsteilnehmern an den sitzungsfreien Tagen Begegnungen mit der kommenden Elite des Landes ermöglichen konnte, zumal er sich gerne mit der exzellent gebildeten Jugend brüstete. Gianluca bereitete sich gerade auf die Abschlussprüfungen seines Studiums vor und hatte bereits die Hälfte seines ersten Buches «Krebsgeschwüre unserer Gesellschaft» verfasst. Der Freelance Job am Forum bot ihm eine willkommene Abwechslung und die Aussicht, für ein paar Tage an der frischen Bergluft zu sein. Und ausserdem konnte er die grosszügige Entlöhung sehr gut gebrauchen. Gianluca liess sich ohne Hintergedanken vom örtlichen Kurverein eine Aufgabe zuteilen. Er sollte einen Ausflug mit den Top Ten der Finanzwelt begleiten. Geplant war eine Zugfahrt in Panoramawagen der höchst gelegenen Alpenbahn und eine leichte Wanderung über den grössten Gletscher der Region. Obwohl die Route als sehr sicher galt und mit Schneeschuhen begangen werden konnte, teilte man der Gruppe einen erfahrenen Bergführer zu. Er sollte die ihm anvertrauten Teilnehmer an den Gletscherspalten, die nur mit Hilfe von provisorisch angebrachten Brücken passiert werden konnten, sichern.

Die Reise im Zug begann sehr entspannt. Champagner wurde kredenzt, Kaviar serviert. An den Panoramafenstern zogen mächtige Gebirgslandschaften vorbei, die an Gemälde Giovanni Segantinis erinnerten. Es war, als sässe die Gruppe in einer fahrenden Galerie mit ständig wechselnden Bildern von Gipfeln, tosenden Bergbächen, imposanten Viadukten und hundertjährigen Tunnels. Mit jedem gefahrenen Meter und jeder entkorkten Flasche stieg die Stimmung im Zug. Entsprechend gut war die allgemeine Verfassung, als die Männer aus dem Wagon stiegen, um den Wanderweg unter die Füsse zu nehmen. Erst als der Bergführer seine Gäste nach der zweiten leichten Steigung aufforderte, eine Seilschaft zu bilden und konsequent einen 10-Meter-Abstand einzuhalten, trübte sich die Stimmung leicht.

«Wir sind es nicht gewohnt, an der Leine zu gehen», verhöhnte

Lasalle den Bergführer.

Er war einer der zehn Bankiers, die sich für diesen Ausflug eingeschrieben hatten.

Lasalle beendete gerade seinen Einwand, als er sah, wie drei andere Wanderer die Gletscherbrücke in Einerkolonne ohne Seil überquerten. Damit war die Autorität des Bergführers endgültig untergraben.

«Machen wir ebenfalls eine Einerkolonne, der Ureinwohner an die Spitze, ich mache den Schluss, das Seil brauchen wir nicht.»

Der Bergführer wusste, dass er gegen Lasalle nichts ausrichten konnte und gab Gianluca ein diskretes Zeichen, den Schluss zu übernehmen.

Lasalle störte sich nicht daran, dass hinter ihm noch Gianluca über die Brücke ging. Für Lasalle gehörte der Geschichtsstudent sowieso nicht zur Gruppe. Der Ausflug war für den Wirtschaftskapitän schliesslich keine Schülerreise, sondern ein willkommener Anlass, um mit anderen gewichtigen Wirtschaftsführern auf informelle Weise Geschäfte zu machen. Und dazu brauchte er weder einen Bergführer noch einen kulturell interessierten Studenten. Gianluca war dankbar dafür, dass er nicht beachtet wurde. Schon im Zug hatte er über den Zufall, der ihn in die Mitte mächtiger Bankiers katapultiert hatte, nachgedacht. Er erinnerte sich noch gut daran, wie er Lasalle das erste Mal ebenfalls zufällig im Fernsehen sah. Der aalglatte Manager brüstete sich vor laufender Kamera gerade damit, dass seine Bank mit dem global bedeutendsten Rohstoffkonzern einen Millionen schweren Finanzierungsvertrag abgeschlossen hatte. Dass er auch im Verwaltungsrat der skrupellosen Firma sass und für den Deal ein fürstliches Honorar kassierte, verschwieg er freilich. Dafür verharmloste er auf Nachfrage einer Journalistin die Kinderarbeit in den Minen des weltgrössten Bergbauunternehmens. Lasalle hatte mit diesem arroganten TV-Auftritt Eingang in Gianlucas Buchprojekt gefunden. Bis jetzt war der korrupte Banker aber nicht mehr als ein abstraktes Feindbild gewesen. Doch nun hatte das virtuelle Krebsgeschwür eine Stimme und eine Gestalt bekommen. Gianluca, der sich immer dagegen wehrte, belanglosen Zufällen eine Bedeutung zuzumessen und das Schicksal für eine Erfindung verblendeter Schwachköpfe hielt, war etwas verwirrt. Die Chance, dass er einer der Hauptfiguren seines Manuskripts einmal persönlich begegnen würde, war gleich null. Gianlucas konstruierte Welt war für einen Moment erschüttert, doch schnell beruhigte er sich mit dem Gedanken, dass jedes Ereignis, so unwahrscheinlich es auch sei, einmal eintreffen würde. Um eine Sechs zu würfeln, brauche es nicht Glück, sondern Zeit, man müsse nur lange genug würfeln. Und wenn es dazu Millionen von Jahren brauchte. Die Sechs sei nun halt überraschend schnell eingetroffen. Gianluca hatte längst den Entschluss gefasst, den sinnlosen Zufall sinnvoll zu nutzen. Er wollte die Möglichkeit, die Welt von einem besonders üblen Krebsgeschwür zu befreien, nicht ungenutzt an sich vorbeiziehen lassen. Gianluca näherte sich Lasalle unauffällig und versetzte ihm einen heftigen Stoss. Die Überraschung war perfekt, der Bankier hatte keine Chance. Er stürzte in den Abgrund und heulte auf, als stiesse ihn der Teufel persönlich vom Thron. Sein panischer Schrei war in den Tiefen der Gletscherspalten auch dann noch zu hören, als sein Körper längst auf einer spitzigen Kante aufgeschlagen hatte. Das Echo seiner verzweifelten Hilferufe hatte etwas Unheimliches an sich. Es war, als würde das Geheul der Hölle wie brennende Lava aus dem Hades heraus zur Oberfläche des Gletschers strömen und das Eis zum Schmelzen bringen. Der Boden schien zu beben. Fassungslos realisierten nun auch die vorangegangenen Männer, dass etwas Schlimmes passiert war. Lasalle musste ausgerutscht sein. In den Augen der in die Tiefe starrenden Männer spiegelten sich Grauen und Entsetzen. Hilfe war zwecklos. Geistesgegenwärtig alarmierte der Bergführer die Helikopter der Rettungsflugwacht. Die Ortung des leblosen Körpers war enorm schwierig. Erst nach mehreren Tagen konnten die sterblichen Überreste geborgen werden. Der Untersuchungsrichter stellte zweifelsfrei einen Unfall fest, gab dem Bergführer aber eine Mitschuld am tragischen Ereignis, weil dieser darauf verzichtet habe, seine Gäste an einem Seil zu sichern. Ein kurzer Moment der Unachtsamkeit habe gereicht, um den unbeschwerten und entspannten Ausflug in eine tödliche Katastrophe zu verwandeln. Die Medien wollten die Unfallversion nicht einfach hinnehmen. Und dies hatte seinen guten Grund: In der Zwischenzeit waren in Lasalles Bank im Zusammenhang mit einer der Finanzkrisen nicht nur Ungereimtheiten und inkompetentes Management, sondern auch kriminelle Machenschaften ans Licht gekommen. Der eindeutigen Meinung im Untersuchungsbericht stellte die Presse eine ebenso einhellige These gegenüber. Lasalle, so lauteten die Schlagzeilen unisono, habe sich durch einen Suizid elegant den Ermittlungen der Justiz entzogen. Gianluca, der wie die anderen Teilnehmer der Tour während mehrerer Tage von einem Care Team betreut worden war, konnte noch immer kaum glauben, wie leicht es war, einen

Menschen zum Verschwinden zu bringen. Weit mehr aber staunte er darüber, mit welcher Selbstverständlichkeit Medien und Untersuchungsrichter falsche Schlüsse als Tatsachen darstellten. Ihm konnte das nur recht sein. Zum perfekten Mord fehlte noch das Entfernen aller Parallelen in Gianlucas Buchprojekt – dann konnte er sich wieder dem Studium widmen.

*

Als Gianluca sah, wie David an der Geschichte von Lasalle zu kauen hatte, meinte er teilnahmslos:

«Der Hang zum Töten ist in meinen Genen, mein Vater war schon ein Mörder.»

David kochte innerlich: «Ich bin dein Vater»,.

«Jetzt hör schon auf mit diesem Irrsinn. Mein Vater starb im Gefängnis, nachdem er einen angeblichen Liebhaber meiner Mutter, einen bekannten Theatermann, umgebracht hatte. Nur, die Tat meines Vaters war offenbar grund- und sinnlos. Auch nachdem er verurteilt worden war, hatte meine Mutter gegenüber ihren engsten Freundinnen immer beteuert, dass sie nie ein Verhältnis mit dem Regisseur gehabt hatte. Ich glaube meiner Mutter, auch heute noch, obwohl ich sie nie gekannt habe. Sie starb am Kummer über den schrecklichen und unberechtigten Verdacht. Während der ganzen Schwangerschaft sei sie krank gewesen, Fieberschübe hätten sie geplagt, am Tag der Entbindung soll ihre Körpertemperatur über 42 Grad betragen haben. Die Ärzte waren machtlos. Sie überlebte meine Geburt nicht. Ein Wunder, dass ich gesund auf die Welt kam.»

David war ganz bleich geworden und nicht mehr in der Lage, seine Version der Geschichte zu erzählen. Im Moment war alles zuviel für ihn. Er liess sich von Anna in sein Zimmer bringen.

Am nächsten Morgen sass er bereits wieder bei Gianluca, der jetzt unbedingt der geheimnisvollen Stimme auf die Spur kommen wollte.

«Man verhaftete mich», begann David mit schwerer Stimme. «Nach der Beerdigung Schönfelds vor 25 Jahren geriet ich in die Mühlen der Justiz und der Psychiatrie. Und dies nur auf Grund eines verwirrten Pfarrers! Er glaubte allen Ernstes, dass ich mich während des Abschiedsgottesdienstes für Schönfeld auf dessen Sarg habe stürzen wollen. Nie hätte ich gedacht, dass mich ein verhängnisvoller Irrtum eines Tages ins Irrenhaus bringen würde. Den Pfarrer hätte man einliefern müssen – nicht mich.»

«Trags mit Fassung. Irren ist menschlich, und so gesehen ist das Irrenhaus der Raum, in dem – im Gegensatz zur Welt da draussen – Menschlichkeit noch möglich ist. Wir spinnen alle, der Unterschied zu den Menschen draussen ist nur, dass wir es wissen. Aber komm jetzt zur Sache.» Gianluca war sichtlich ungeduldig.

«Du hast Schönfeld gehört! Du hast Jonas Schönfelds Stimme gehört!»

«Schönfeld? Wer ist Schönfeld?»

«Schönfeld ist wegen meinen Verfehlungen gestorben. Ich hätte sterben sollen – ich bin dein Vater.»

«Bitte hör jetzt endlich auf mit diesem Quatsch.»

«Über all die Jahre ist er *nur mir* erschienen. Aber gestern hat er zum ersten Mal zu einer anderen Person gesprochen. Du bist der

Beweis dafür, dass er tatsächlich noch lebt.»

«Ich glaube, ich bin eher der Beweis dafür, dass Wahnvorstellungen ansteckend sind.»

«Paolini wurde zum Mörder, weil er dachte, Schönfeld hätte Deine Mutter geschwängert.»

«Was weißt Du von dieser Tragödie?»

«Ich habe Deine Mutter geschwängert!»

Gianluca verstummte. David nutzte den Moment der Stille, um seine Geschichte in allen Details zu schildern. Er begann mit seinem Auftrag, erwähnte seine Pleiten im Bordell und erzählte, wie er Barbara kennen lernte und schliesslich nach der unglücklichen Trauerfeier wegen Störung der Totenruhe verurteilt wurde.

«Die bedingte Gefängnisstrafe endete in einem unbedingten unbefristeten Psychiatrieaufenthalt.»

«David – deine Geschichte ist so irrsinnig, dass ich dich ebenfalls in die Klappsmühle gesteckt hätte!»

«Und die Stimme Schönfelds?»

«Du warst das!»

«Ja, du hast recht. Ich war das, manchmal geht meine Fantasie mit mir durch, und meine Gedanken werden in Selbstgesprächen hörbar, du hast recht, Gianluca.»

David wandte sich ab, er hätte nicht gedacht, dass Gianluca sich so leichtfertig selbst belügen würde. Aber angesichts des beunruhigenden Abgrundes unerklärlicher Fragen war die Selbsttäuschung wohl eine menschliche Überlebensstrategie.

Der dritte Versuch

David betrat nach 25 Jahren erstmals wieder die Bar an der Breitstrasse. Er war in Hohenfels schliesslich nicht eingesperrt, und so war es ein Leichtes für ihn, die Klinik zu verlassen. Dass Anna Müller seinen Ausflug als Ausbruch interpretieren würde, hatte er nicht ahnen können. Genauso wenig, dass Gianluca die Gelegenheit zum Ausreissen ebenfalls wahrnehmen würde, als Anna ihn über sein Verschwinden informierte und in ihrer Aufregung vergass, die Türe hinter sich zu verriegeln.

*

Nach den unangenehmen Schlagzeilen im Zusammenhang mit der Schliessung von Hohenfels war es der Klinikleitung sichtlich peinlich, erneut im Rampenlicht der Medien zu stehen. In einem dürren Communiqué gab sie bekannt, dass zwei Patienten das Weite gesucht hätten. Das Echo in den Medien war aus Sicht der Klinik alles andere als erfreulich. Der Aufschrei war riesig, handelte es sich doch bei einer der beiden Personen um den mutmasslichen Terroristen Gianluca Paolini. Die meisten Zeitungen sagten bereits eine ernsthafte Trübung der Beziehung zweier freundschaftlich verbundener Länder voraus, die Massenblätter schrieben gar eine Staatskrise herbei und werteten den Ausbruch Paolinis als empfindliche Niederlage im Krieg gegen den Terror.

*

David war sehr erstaunt, als er seinen Sohn in der Bar sah:

«Was machst du denn hier?»

«Ich warte auf dich», lachte Gianluca.

«Wie hast du mich gefunden?»

«Du hast von diesem Restaurant mit zwei Michelin-Sternen erzählt, und so habe ich in einem alten Gastronomieführer nachgeforscht. Vor 25 Jahren gab es nur ein Restaurant an der Breitstrasse, das mit zwei Michelin-Sternen ausgezeichnet war. Und es existiert heute noch! Sogar die Bar im Nachbarhaus, wie du nun selber siehst, hat sich in all den Jahren gehalten. Ich war seit deinem Verschwinden aus Hohenfels jeden Tag hier, ich hätte allerdings nicht gedacht, dass du dir solange Zeit lässt, um aufzutauchen.» Gianluca war richtig stolz auf sich.

Die Bar hatte sich verändert. An der Theke spülte eine Frau mit grimmigem Blick Gläser. David wunderte sich über die Turnstangen in der Mitte des Lokals.

«Pole Dance», lachte Gianluca.

«Ich war am Grab deiner Mutter, am Grab Schönfelds, im Stadttheater, im Fun&Music, und ich habe Joy besucht.»

«Wo warst du überall?» fragte Gianluca ungläubig.

«Ich brauchte Zeit, die Vergangenheit hat mich eingeholt, eigentlich war sie immer gegenwärtig, ich habe sie nur verdrängt. Zeit und Vergangenheit sind Illusionen. Du kannst dein gelebtes Leben nicht zurücklassen. Zeit schärft vielleicht den Blick, und sie schafft Distanz. Ein geschehenes Ereignis kann sie nicht ungeschehen machen. Das ganze Leben ist unauslöschlich in der

Tiefe der menschlichen Seele gespeichert. Es ist, als würden die Nervenzellen des menschlichen Gehirns permanent und ohne ein Detail zu vergessen den Film deines Lebens aufzeichnen. Wir sind das Ergebnis unseres Lebens.»

Gianlucas Antwort klang melancholisch: «Es ist genauso mit dieser Bar. Nur weil sie in der Vergangenheit entstanden ist, würde niemand behaupten, sie würde heute nicht existieren. Aber für uns gilt: Wir werden in der Zukunft nicht mehr existieren. Wir können uns dem Tod nicht entziehen.»

David wurde unruhig: «Gianluca, wir müssen dich verstecken, die Polizei sucht nach dir.»

«Herr Huber, Sie sind in grösserer Gefahr als Herr Paolini.»

Gianluca und David hatten Anna Müller nicht bemerkt, als sie die Bar betrat. Ihr Einwand schlug wie ein Blitz vom Himmel ein. Mit grossen Augen und offenen Mündern – als wären sie ertappte kleine Kinder – schauten sie die Psychiatrieschwester an.

«Sehe ich wie der Weihnachtsman aus?» lachte Anna laut.

«Wir müssen hier weg, und zwar schnell», ihre Stimme klang nun sehr besorgt, «die Polizei hat eine Grossfahndung eingeleitet, und es wird wohl nicht lange dauern, bis sie hier ist. Und wie ich Opus Obscurum kenne, werden die der Polizei wohl noch zuvorkommen.»

«Opus Obscurum, die erzkonservative Sekten-Mafia?» fragte Gianluca.

«Ja, aber die sind hinter Felix Huber her. Schnell, ich erkläre alles weitere in meinem Wagen, er steht draussen.»

Annas alter Renault 4 sah nicht gerade vertrauenswürdig aus, doch es war nicht der richtige Moment, um an der Fahrtüchtigkeit der bunt bemalten Kiste zu zweifeln. Die besorgten Blicke Gianlucas und Davids waren Anna nicht entgangen.

«Ich muss wieder mal frische Farbe kaufen, der Wagen rostet immer mehr, ich weiss.» Die Erläuterung wirkte nicht gerade beruhigend, im Gegenteil, aber der Einladung, Platz zu nehmen, wollte sich keiner der Herren widersetzen. Da der vordere rechte Sitz fehlte, quetschten sich die Männer wie gefügige Schafe auf die harte Hinterbank.

«Alles klar?» Anna legte den ersten Gang ein und preschte davon.

«Wohin fahren wir?» Die Frage der Hinterbänkler ging im Lärm fast unter. «Erstaunlich, dass ein Vierzylindermotor so laut sein kann», mokierte sich Gianluca.

«Das ist nicht der Motor, das Rütteln und Scheppern stammt von der Hinterachse, und das schrille Pfeifen vom Keilriemen, der Motor ist eigentlich ganz ok. Ich hoffe, der Wind bläst nicht zu stark bei euch, das Fenster hinten schliesst seit einiger Zeit nicht mehr ganz.»

«Kein Problem», lachte Gianluca. Eine tolle Frau, dachte er und staunte darüber, dass er Anna bis anhin nie richtig wahrgenommen hatte.

«Also, wohin fahren wir?» wollte David nun wissen, «und was ist mit Opus Obscurum?»

«Wir fahren etwa zwei Stunden, und dann müssen wir zu Fuss weiter, ich verstecke Euch in einer unbewarteten Hütte des Alpenclubs. Unmöglich, euch dort zu finden. Ab dem ersten Schneefall traut sich da kein Mensch mehr hin, die Lawinengefahr ist zu gross.»

«Sehr beruhigend», witzelte Gianluca. Toll diese Frau, dachte er wieder und grinste still vor sich hin.

Obwohl Anna es sehr eilig hatte und den Wagen alles andere als sanft behandelte, strahlte sie eine erstaunliche Gelassenheit aus. Auch der rege Lastwagenverkehr brachte sie nicht aus der Ruhe. Genüsslich drückte sie das Gaspedal mit voller Kraft zu Boden und überholte einen Riesenbrummer nach dem anderen.

«Der Einstieg ins Tal ist steil, es gibt weder Strassen noch Wege, und es wird sehr schnell einsam und urchig. Auf der Hochebene erwartet uns eine Moorlandschaft. Im Sommer gedeihen dort die prachtvollsten Alpenblumen. Enziane, Rittersporn, Alpenrosen. Schade, dass es schon Herbst ist. Nehmt euch in Acht von den steil abfallenden Hängegletschern. Es kommt immer wieder vor, dass riesige Eisbrocken zu Tale donnern.»

«Wir sind definitiv in guten Händen! Findest du nicht auch, David?»

«Mich interessiert jetzt eigentlich eher, was mit Opus Obscurum los ist.»

«Herr Huber, können Sie sich an Dr. Balaguer erinnern?

«Nennen Sie mich doch bitte David.»

«David? Sie haben mich tatsächlich immer irgendwie an David erinnert. An die Skulptur von Michelangelo meine ich. Nehmen Sie es mir nicht übel, wenn ich Ihnen jetzt zu nahe trete. Wenn Sie nicht das sinnliche Bäuchlein eines Geniessers hätten, würde ich Sie doch glatt für den älteren Bruder von David halten. Oder für dessen Vater. Ich würde Sie deshalb lieber Michelangelo nennen, er ist doch sozusagen Davids Vater, oder?»

«Michael, der Engel», seufzte David, «Sie bringen wohl alles auf den Punkt.»

«Wie bitte?»

«David wäre mir lieber, ich will David sein, ich bin David.»

«Ja, ist schon gut, David, ich nenne Sie David.»

«Was ist mit Dr. Balaguer, ich kann mich sehr gut an ihn erinnern.»

«Er ist führendes Mitglied des Opus Obscurum. Ich nehme an, Sie kennen diese Organisation.»

«Leider.»

«Dr. Balaguer hat sich immer wieder nach Ihnen erkundigt, auch nachdem er die Klinik schon lange verlassen hatte. Während seiner aktiven Zeit in Hohenfels hatte er sich immer heftig dagegen gewehrt, Sie aus dem Heim zu entlassen. Er hielt Sie für gefährlich, Ihre Geschichte musste unter allen Umständen von der Öffentlichkeit fern gehalten werden.»

«Das versteh ich nicht.»

«Dr. Balaguer fürchtete sich davor, dass jemand Ihrer Geschichte hätte Glauben schenken können. Das wichtigste in der Welt sei der Glaube an die Kirche, und dieser dürfe nicht durch einen Wahnsinnigen in Frage gestellt werden. Der Gott Ihrer Wahnvorstellungen sei in Wahrheit ein Häretiker, der Teufel selbst habe Ihnen Ihre Ideen in den Kopf gesetzt.»

«Seit wann ist Kritik an der Kirche Gotteslästerung?»

«Aus Balaguers Sicht schon immer».

«Dann wird es tatsächlich Zeit, dass Gott über die Kirche zu lästern beginnt.»

Anna lächelte.

«Und was halten Sie von meiner Geschichte?»

«Dr. Balaguer nimmt Sie jedenfalls sehr Ernst. Ich bin mir nicht sicher, ob er Sie für den Antichristen hält, oder ob er angesichts des ganzen Drecks der Kirche Ihre Geschichte für wahr hält.»

«Ich wollte wissen, was Sie von meiner Geschichte halten.»

«Wie kann ich wissen, ob Sie durchgeknallt sind, wenn ich selbst nicht mehr zwischen Wahn und Wirklichkeit unterscheiden kann. Sie sind ein Spinner, vielleicht auch nicht, jedenfalls sind Sie ein liebenswürdiger Mensch. Und Sie verdienen es, dass sich jemand um Sie kümmert», lachte Anna. «Und dies ist auch nötig, wenn ich an Balaguer denke.» Ihre Stimme klang wieder sehr besorgt. «Als er erfuhr, dass Sie die Klinik verlassen hatten, rastete er völlig aus. Er rief mich an und beschimpfte mich auf das Gröbste. Er schrie mich an, ich müsse Sie zurückholen – tot oder lebendig, und falls ich dazu nicht fähig sei, würde Opus Obscurum die Drecksarbeit erledigen.»

Gianluca schüttelte verständnislos den Kopf: «Einen armen Irren zu verfolgen, dieser Mann hat wirklich einen Knall.»

«Nehmen Sie ihn wirklich Ernst, Anna?» fragte David nach.

«Ich hab so meine Erfahrungen mit Spinnern, glauben Sie mir.»

Weder Gianluca noch David mochten an diesen Worten zweifeln, im Lärm des alten Renault 4 war es viel zu mühsam, ein längeres Gespräch zu führen. Wortlos jagten die drei weiter Richtung Süden.

Vor einem alten Bahnhof hielt Anna an. «Jetzt beginnt der gemütliche Teil der Reise. Ich hoffe, Ihr habt gute Schuhe. Steigt aus und folgt mir.»

Anna liess keine Zeit verstreichen und legte sofort ein forsches Tempo vor. Der Einstieg ins Tal war tatsächlich sehr steil. Ein schmaler, steiniger Pfad führte unerbittlich in die Höhe. Es begann zu regnen, und der Boden wurde weich und schwer. Nach einer Stunde war David völlig ausser Atem. Das Tempo war ihm viel zu hoch, aber das Wort Pause schien Anna nicht zu kennen. Die klirrende Kälte sprach dagegen, den verschwitzten Körpern einen Moment der Ruhe zu gönnen. Unermüdlich peitschte sie die beiden Männer den Berg hinauf. Nach einer gefühlten Ewigkeit erreichte die kleine Fluchtgruppe das lang herbeigesehnte flache Hochtal, wo eine völlig andere Wetterlage herrschte: Stahlblauer Himmel, feinster Neuschnee wie Puderzucker - in seinem hell glitzernden Diamantenkleid sah die Ebene noch viel schöner aus, als sie Anna im Auto beschrieben hatte. Das Knistern im Schnee erinnerte Gianluca an seine Kindheit, an Winter, die ihren Namen noch verdienten. Er blickte zurück und betrachtete seine Spuren.

«Die Hütte ist nicht mehr weit, in einer halben Stunde sind wir da», sagte Anna motivierend.

Nach der riesigen Anstrengung waren die letzten beiden Kilometer ein Genuss, eine verdiente Kür durch sanft verschneite Wiesen, auf denen lange, goldene Gräser aus dem Schnee ragten. Langsam trockneten die durchnässten Körper an der wärmenden Sonne, und David kam allmählich wieder zu Kräften. Auch

Gianlucas Gesicht strahlte erneut Zufriedenheit aus. Als Anna die beiden ansah, musste sie herzhaft lachen.

Endlich, dachte David erleichtert. Hinter einem Hügel war eine Steinhütte zu erkennen. Während Anna die letzten Meter bis zum Ziel nutzte, um die Sonnenstrahlen zu geniessen, gingen die beiden Männer direkt auf die Hütte zu. Die schwere Holztüre war unverschlossen. In der Hütte roch es nach kaltem abgestandenen Rauch. Etwas unbeholfen und zögerlich traten die beiden in den dunklen Raum. Neben einer alten Kochstelle war ein Holztisch mit einer Rundbank zu sehen, im Hintergrund führte eine Treppe in das obere Stockwerk.

«Macht es euch gemütlich, hier werdet Ihr die nächste Zeit wohnen», sagte Anna, als sie mit Kleinholz in den Händen die Hütte betrat. «Im oberen Stock gibt es eine Schlafstelle mit Wolldecken, schaut euch um, ich mach in der Zwischenzeit Feuer und koch uns einen warmen Kaffee.»

David öffnete die Fenster und setzte sich hin.

«Bei Licht besehen sieht die Hütte gar nicht so schlecht aus. Anna, die Geschichte mit Opus Obscurum, die ist doch nicht wahr, oder?»

«Natürlich nicht, aber ich war mir sicher, dass du die Geschichte zumindest eine Zeit lang glauben würdest, solange nämlich, bis wir hier sind. Üble Geschichten über das Opus Obscurum werden immer geglaubt.»

«Aber wozu das Ganze?»

«Ich wollte euch beisammen haben, und du wirst mir beipflichten, dass Gianluca nicht lange auf freiem Fuss ist, wenn wir ihn nicht verstecken.»

In diesem Moment klingelte das Mobiltelefon von Anna. Sie nahm das Gerät, trat ins Freie:

«Hallo? Ja, alles in Ordnung. Wie abgemacht. Machen Sie sich keine Sorgen Herr Doktor. Hasta luego.»

«Wer war das?» fragte Gianluca misstrauisch.

«Ach, nur ein Freund, nichts von Belang. Wer will Kaffee? Dauert nicht mehr lange, bis er bereit ist.»

David legte sich auf die Holzbank und streckte seine Beine aus:

«Herrlich, von einer Dame bedient zu werden.»

«Du bist wirklich ein Macho aus dem vorletzten Jahrtausend», grinste Gianluca.

«Geniesst den Moment, ich muss mich vor Einbruch der Dunkelheit auf den Weg machen, es ist sonst zu gefährlich. Ihr habt genügend Nahrungsmittel. Der Vorrat reicht mindestens für zwei Monate. Reis, Teigwaren und Trockenfleisch findet Ihr neben der Feuerstelle, Wasser könnt Ihr draussen vom Brunnen nehmen. Wenn es gefriert, müsst Ihr Schnee auftauen, um Kaffee zu kochen. Aber, was erzähl ich Euch, Ihr seid ja erwachsene Männer.»

«Du sagst es, Männer», grinste Gianluca.

Die Espressokanne fauchte und verbreitete einen verführerischen Duft von frischem Kaffee. David füllte drei Mokkatassen und liess Anna zuerst kosten.

«Fantastisch, aber jetzt muss ich wirklich gehen.» Sie umarmte die beiden und machte sich auf den Weg.

Gianluca und David blickten Anna solange nach, bis ihre Silhouette am Horizont verschwunden war. Erst jetzt wurde den Männern die Abgeschiedenheit des Tales richtig bewusst. Ein Hauch von Einsamkeit erfasste die beiden. Wortlos begaben sie sich in die Hütte. David hatte längst den Entschluss gefasst, sich ebenfalls auf den Weg zu machen. Aber er wollte eine Nacht zuwarten, um sich zu erholen. Er legte sich auf die Pritsche und fiel sofort in einen Tiefschlaf. Gegen Morgen, als es empfindlich kühler wurde, begann er zu träumen. Er sah einen Prachts-kerl von einem Löwen mit Flügeln, eine Figur, die ihm während der letzten Jahre einige Male erschienen und sehr vertraut war. In dieser Nacht war in den Augen des Löwen nur Traurigkeit zu erkennen. Seine Flügel klebten schlaff an seinem Körper. Er wirkte ausgelaugt und müde. Das Gefühl, betrogen worden zu sein, lag wie eine schwere Last auf seinem Körper. Zu gut wusste der Löwe, was es bedeutet, verraten zu werden. Auch als grosser und gefürchteter Jäger – gegenüber hinterhältigen Giftpfeilen war auch er nur ein ohnmächtiges und zerbrechliches Lebewesen. Nur der Tod könne vor Verschmähungen und Verrat niederträchtiger Kreaturen schützen: «Verraten von meiner Liebsten!» David erschrak und war sich nicht mehr sicher, ob er tatsächlich träumte. War er gemeint? Hatte er den Löwen hintergangen? Oder war er selbst betrogen worden? Von seiner eigenen Pflegerin? Was trieb sie, wenn sie nicht bei Gianluca und ihm war? Wen besuchte sie, froh gelaunt, sauber geduscht, wenn sie die Klinik verliess? Den spanisch sprechenden Arzt? Die Vorstellung, selbst der Betrogene zu sein, machte David beinahe wahnsinnig. Er erwachte, der Schlaf war weg, nicht aber die trüben Gedanken.

«Wer das Wagnis der Liebe eingeht, entscheidet sich für Ohnmacht und Verletzlichkeit.»

David glaubte die Stimme Schönfelds zu erkennen, aber mit dessen Satz konnte er nichts anfangen. Die Worte schienen ihm zusammenhangslos und unpassend zu sein.

Auch Gianluca schlief sehr unruhig. Als er am nächsten Tag aufwachte, atmete er tief durch und genoss die ersten Sonnenstrahlen. Das Gefühl der Einsamkeit, das ihm am Vorabend den Schlaf geraubt hatte, war verschwunden. Doch nur für den Hauch eines Momentes. David war weg! Auf dem Holztisch fand Gianluca eine Nachricht: Muss meinen Auftrag erledigen. Komme wieder. Du bist mein geliebter Sohn.

Vor der Türe

Der mühsame Abstieg von der Alphütte war David an die Nieren gegangen. Umso grösser war seine Erleichterung, als er endlich den alten Bahnhof im Tal erreichte und sich ausruhen konnte. Glücklicherweise hatte David vor der Flucht aus Hohenfels daran gedacht, etwas Taschengeld einzustecken. Damit kaufte er sich ein Bahnbillett und wartete auf den nächsten Zug. Die Fahrt in die Stadt brachte ihm allerdings nicht die erhoffte Entspannung. Je mehr er sich dem Ziel seiner Reise näherte, desto unruhiger wurde er. Als er schliesslich vor einer protzigen Villa stand und an der Klingel läutete, war er äusserst nervös. An Concetta, war er nun überzeugt, führte kein Weg vorbei. Prof. Dr. theol. et Dr. h.c. Leon Herzog war in grossen goldenen Lettern an der Haustüre zu lesen. Den Tipp, dass Concetta seit Jahrzehnten als Haushälterin beim emeritierten Professor arbeitete und lebte, hatte David vor einigen Tagen von Joy erhalten. Obwohl Concetta sich aus dem Sexgewerbe verabschiedet hatte, waren die beiden Frauen in Kontakt geblieben.

David klingelte ein zweites Mal und erinnerte sich an die italienische Schönheit, die den Schlüssel zur Erfüllung seines Auftrages in sich trug. Kastanienbraunes langes Haar, sanfte weiche Gesichtszüge, atemberaubende Kurven.

«Chi è?» krächzte eine alte unfreundliche Stimme hinter der Türe, die sich einen kleinen Spalt geöffnet hatte.

«Il professore non sta bene.»

«Entschuldigen Sie, ich suche...»

«Ist in die Bett. Steht nicht auf. Seit Woche. Malato. Capisce? Molto malato, molto malato.»

Die Alte schien etwas Vertrauen zu gewinnen und trat vor die Türe. Die schwer übergewichtige Frau hatte fürchterlichen Mundgeruch, ihr Atem roch nach Erbrochenem und Alkohol. David führte seine linke Hand unauffällig zu seiner Nase und ging diskret einen Schritt zurück.

«Seit die Kardinale Rattenfengger ist papa. Mein Professore ist malato. Molto malato. Hat Alpträume. Er sagen immer: non habemus papam, non habemus papam.»

Als die Frau sprach, bemerkte David, dass sie kaum Zähne hatte.

«Müssen verstehen, Rattenfengger ist die grosse Rivale von meine Professore. Seit viele Jahre. Seit die beiden waren jung. Seit die beiden lehren an gleiche Universität. Capisce?»

Eine unappetitliche Duftmischung aus altem Schweiss und billigem Parfum erreichte die empfindliche Nase Davids.

«Meine Professore denken, er sei die wichtigste und die klugste der Welt! Aber wichtigste ist nicht meine Professore, wichtigste ist papa. Und papa ist Rattenfengger. Capisce?» Die Alte unterstrich ihre Thesen mit einer betont lässigen Bewegung durch ihre schütteren und fettigen Haare.

David hatte kaum zugehört, doch auf einmal fiel es ihm wie Schuppen von den Augen: Die vernachlässigte Frau war Concetta!

«Richten Sie Ihrem Professor meine besten Genesungswünsche aus. Ich komme ein anderes Mal. Wenn es ihm besser geht. Entschuldigen Sie die Störung. Auf Wiedersehen. Ich meine arrivederci, arrivederci Concetta».

«Ma lei come si chiama?» »

David war bereits verschwunden. Die Alte staunte darüber, dass der Fremde ihren Namen kannte, aber noch mehr wunderte sie sich über sich selbst, weil sie ihm so offenherzig Auskunft gegeben hatte. Doch das war jetzt nicht wichtig. Es tat Concetta gut, dass ihr wieder einmal jemand zugehört hatte.

*

Als David die Bar an der Breitstrasse betrat, lachte ihm Gianluca entgegen. Er hatte sich, nachdem er am Morgen Davids Notiz gelesen hatte, ebenfalls umgehend davongeschlichen.

«Komm, setz dich zu uns, darf ich dir Nick Zorn und Rolf Leutwyler vorstellen? Sie sind Journalisten des Volksfreunds und wollen eine Geschichte über uns schreiben.»

«Bist du wahnsinnig? Publizität ist das letzte, was wir brauchen. Was machst du überhaupt hier?»

«Du kannst dir vorstellen, dass ich die Bergluft nach deinem abrupten Abgang nicht allein geniessen wollte.»

David packte Gianluca am Arm und wollte mit ihm das Lokal verlassen.

Einer der Journalisten versuchte zu schlichten: «Lassen Sie nur, Herr Huber, wir bringen Sie zurück zur Hütte».

«Du hast ihnen von unserem Versteck erzählt?»

«Nur die Ruhe, Herr Huber, machen Sie sich keine Sorgen.

Das Geheimnis bleibt unter uns. Wir sind nur an einer tollen Geschichte interessiert. Die Langweiler der Polizei sind uns doch egal.»

«Das kommt nicht in Frage, dass wir unser Versteck preisgeben, wir müssen weg hier, sofort.»

David war ausser sich vor Ärger. Während Gianluca etwas verunsichert wirkte und Nick Zorn die Situation zu beruhigen versuchte, schienen Leutwyler die Gespräche nicht sonderlich zu interessieren. Dessen Blicke waren auf die Striptease-Tänzerin gerichtet, die sich gerade ihrer letzten Kleidungsstücke entledigt hatte. Plötzlich stand er auf. «Verdammt, gehen wir nach oben, da sind wir ungestört!» Seine Worte waren so bestimmt, dass nicht einmal David widersprechen wollte. Leutwyler ging auf eine Hintertüre zu. Zorn trottete wie ein höriges Tier hinterher, aber auch Gianluca und David waren nicht abgeneigt, in einen diskreteren Raum zu gehen, zumal ein älterer Herr in einer der abgedunkelten Ecken die aufgeregte Diskussion aufmerksam mitverfolgt hatte. Als David die Treppe in das obere Stockwerk hochstieg, kreisten seine Gedanken um den unerwünschten Zuhörer. Wer war dieser Mann? War er ein Spitzel der Polizei? Zu alt! Opus Obscurum? War an der Geschichte Annas tatsächlich etwas dran? David hatte den Mann nur ganz kurz gesehen, und im Dunkeln war es schwierig, dessen Gesicht genau zu erkennen. Irgendwie erinnerte er ihn an den sympathischen Alten, der vor Jahren in dieser Bar ein und aus ging und bestimmt vor langer Zeit verstorben war.

Am Ende der Treppe führte eine schwere Türe in einen Salon, der im Gegensatz zur heruntergekommenen Bar im Erdgeschoss sehr edel wirkte: Riesige Sofas aus feinstem Leder, eine gut bestückte Bar aus Glas und Stahl und ein riesiger Flachbildschirm, auf dem erotische Filme liefen. Leutwyler strebte ohne Umwege die Bar an und mixte vier Drinks.

«Dieser Lustgarten gehört einem gottverdammten Freund von mir. Zufällig ist er auch Mehrheitsaktionär unseres Verlags. Huber, sagt Ihnen der Name Katzenhügel etwas? Er war früher Minister und musste zurücktreten als bekannt wurde, dass er in dieser Bar Stammgast war. Ein Teil der Presse hatte ihm damals furchtbar zugesetzt. Diese verdammten scheinheiligen Moralisten!»

«Katzenhügel gehört dieser Raum?» fragte David ungläubig.

«Nein, der hatte sich nach dem Skandälchen in die USA abgesetzt und eine Gastprofessur angenommen. Aber Katzenhügel lieferte gewissermassen die Idee für diesen Lustgarten.» Leutwyler verzog sein Gesicht zu einem gequälten Grinsen. «Es entbehrt nicht einer gewissen Ironie, dass unser Verleger gerade dort eine Investition tätigte, wo sein grösster politischer Gegner sich jahrelang verlustiert hatte. Anyway, in dieses Zimmer wird sich nie ein Scheissbulle wagen. Der Polizeichef der Stadt sorgt höchstpersönlich dafür, dass der Justizminister unseres Landes sich ungestört entspannen kann.»

«Der Justizminister? Besitzer dieses Hauses? Besitzer Ihres Blattes? fragte David erstaunt.

«Es war schon immer sein Traum, gegen die linke moralinsaure Journaille, gegen diesen unsäglichen Einheitsbrei, eine konservative Bastion aufzubauen. Die Gründung einer neuen Zeitung hätte aber zuviel Geld geschluckt, verdammt! Also hat er in ein bestehendes, etwas serbelndes Blatt investiert. Um keine schlafenden Hunde zu wecken und potentielle Inserenten und Leser zu verärgern, hat er den Volksfreund über einen Financier gekauft und mich eingepflanzt. Natürlich tritt er nicht offiziell als Besitzer auf, das wäre mit seinem Amt unvereinbar und würde die Unabhängigkeit unserer Redaktion in Frage stellen.»

Gianluca und David hörten Leutwyler aufmerksam zu, während Zorn auf einem Aluminiumpapier eine feine Linie Kokain präparierte.

«Am geilsten ist es mit den Girls», grinste Zorn als er Davids Blick bemerkte.

«Jetzt fängst du schon wieder mit dem Gift an.» Leutwyler war sichtlich aufgebracht. «Du wirst langsam aber sicher untragbar. Du weißt, dass du nach deiner Kreditkartengeschichte auf der Abschussliste stehst. Der Idiot hat bei einem Nuttenbesuch seine Geschäftskreditkarte benutzt und sich riesige Summen abbuchen lassen. Ihr könnt euch vorstellen, wie zugeknallt er gewesen sein muss, um solchen Mist zu bauen. Das Gift bringt ihn noch um.»

Zorn lächelte verlegen und liess die ganze Linie Kokain in seiner Nase verschwinden.

David fühlte sich nicht wohl in der Gegenwart der beiden Journalisten. Leutwyler glaubte er kein Wort. Wenn die Geschichte mit dem Justizminister wahr wäre, hätte sie Leutwyler für sich behalten. Absurd war auch die offensichtlich konstruierte politische Rivalität gegenüber Katzenhügel, zumal dieser seit Jahren von der Bildfläche verschwunden war. Wieso erzählte Leutwyler solche Lügen? War er nur ein kleiner Aufschneider wie viele Journalisten? Was hatte Gianluca nur dazu gebracht, sich den beiden anzuvertrauen? Wieso war er überhaupt mit ihnen ins Gespräch gekommen? Waren die beiden wirklich zufällig in der Bar und hatten sie sich ebenso zufällig zu Gianluca gesetzt? Gab es in der irdischen Welt wirklich Zufälle?

Leutwyler wies seinen Gästen einen bequemen Platz zu, servierte die Drinks und schnippte mit den Fingern. Aus einer Nebentüre erschienen vier junge, leicht bekleidete Damen und setzten sich in aller Selbstverständlichkeit neben die Männer.

Während Gianluca entspannt lächelte, konnte David sein Unbehagen nicht verbergen. Leutwyler war dies nicht entgangen:
«Nur cool, verdammt. Relax. Sie sind doch nicht schwul, oder?»
«Wäre es nicht klüger, unsere Geschichte möglichst diskret, ich meine ohne weitere Gäste, zu besprechen?»
«Verdammt, bleib cool, die Weiber hören und sehen nichts, ausserdem sprechen sie nicht unsere Sprache!»
Zorn hatte es sich in der Zwischenzeit gemütlich gemacht. Er fühlte sich immer besser: Das Kokain war erstklassig und hatte die erhoffte Wirkung erzielt. Genüsslich und mit grösster Sorgfalt bereitete er eine zweite Linie vor, diesmal direkt auf dem entblössten Oberschenkel seiner neuen Bekanntschaft.
«Ist viel geiler mit einem Girl, habs vorhin schon gesagt.»
Als Leutwyler das weisse Pulver auf dem braun gebrannten Bein sah, bekam er einen Wutanfall und warf die vier Damen mit wüsten Schimpftiraden aus dem Zimmer.
«Jetzt können wir ungestört reden!»
David war überzeugt, dass Leutwyler die Geschichte mit dem Justizminister erfunden hatte, um Gianluca ein Gefühl der Sicherheit zu vermitteln. Wieso aber? Wirklich nur weil der

Volksfreund an einer Exklusiv-Story interessiert war? Oder steckte anderes dahinter? Wenn der Alte im Dunkeln nichts mit Opus Obscurum zu tun hatte, dann vielleicht Leutwyler? Wieso nur hatte sich Gianluca so leichtgläubig in diese Situation manövriert? Er fühlte sich offenbar absolut sicher. Was konnte ihm schon passieren? Im schlimmsten Fall die Wiedereinweisung in die geschlossene Klinik. Die Aussicht auf die neuerliche Betreuung durch Anna schien ihn nicht zu beunruhigen, im Gegenteil.

«Wer das Wagnis der Liebe eingeht, entscheidet sich für Ohnmacht und Verletzlichkeit.» Schönfeld schon wieder! David schaute in die Runde, doch niemand ausser ihm hatte die Stimme gehört.

Leutwyler servierte einen weiteren Drink und liess ein krachendes Gewitter an wüsten Flüchen und übelsten Drohungen über Zorn hereinbrechen. Der Donner war aber nur von kurzer Dauer. Leutwylers Aufmerksamkeit galt jetzt Gianluca, den er freundschaftlich vereinnahmen wollte. Ein Exklusivinterview mit dem meist gesuchten Mann des Landes war schliesslich für jeden Zeitungsmacher ein gefundenes Fressen. Leutwylers Interesse schien tatsächlich nur journalistischer Natur zu sein.

«Verdammt, wir haben hier eine richtig brisante Geschichte. Töpfer wird das Interview machen. Ich ruf ihn an, er soll sofort herkommen. Guter Mann. Wortgewaltig. Humorvoll. Waisenkind. War früher etwas links. Ein paar väterliche Tricks haben aber genügt, dies zu korrigieren. Sie glauben kaum, wie einfach es ist, Waisenkinder mit etwas väterlicher Zuneigung gefügig zu machen und politisch auf eine richtige Linie zu bringen. Töpfers emotionale Hörigkeit und seine Intelligenz machen ihn zum perfekt abgerichteten intellektuellen Kampfhund. Überall einsetzbar, seinen vermeintlichen Vaterfiguren immer treu ergeben.»

Wie aus dem Nichts und ohne jegliche Vorwarnung sprang Gianluca aus seinem Sessel.

«Du bist ein Schwein, ein niederträchtiges Schwein!» Als hätte er seinen Auftritt geplant, liess Gianluca seine Hand in der Innentasche seiner Jacke verschwinden, zog einen Revolver hervor und drückte ab. Der Knall war ohrenbetäubend.

Leutwyler sackte zusammen und war sofort tot. David und Zorn wurden bleich vor Schrecken.

«Bist du wahnsinnig, Gianluca, was machst du? Woher hast du diesen Revolver? Bist du total übergeschnappt?»

«Das Übel muss an der Wurzel bekämpft werden.»

David schüttelte nur den Kopf.

«Los weg hier, bloss weg hier!» Er packte Gianluca am Arm und stürmte mit ihm die Treppe hinunter. Zorn war vor Entsetzen wie gelähmt. Er bemerkte kaum, dass alle das Weite gesucht hatten und er nun mit der Leiche allein war.

Am Ausgang stand der alte Mann, der das Gespräch in der Bar belauscht hatte.

«Steigt ein, der Wagen bringt euch in Sicherheit.»

David traute seinen Augen nicht. Der Alte! Sah er nicht genau gleich aus, wie vor 25 Jahren? David zögerte und wähnte sich in einem bösen Alptraum.

«Ihr habt keine Wahl, steigt ein!»

Im Hintergrund waren schon die Sirenen der Polizei zu hören.

Gianluca übernahm die Initiative und riss David in den Wagen, der sofort davon preschte. Am Steuer der schrottreifen Kiste sass Anna.

«Welcher Engel hat dich denn geschickt?» Gianluca jubelte vor Glück. Anna begann aufgeregt zu erzählen, dass ihr ein unbekannter Mann mit einer sympathischen Stimme telefoniert und – ohne seinen Namen zu nennen – mitgeteilt habe, dass sich zwei ausgerissene Hohenfels-Patienten in einer Bar an der Breitstrasse befänden und in Schwierigkeiten steckten. Natürlich habe sie sofort gewusst, um wen es sich handelte und sich umgehend auf den Weg gemacht.

David war noch immer ausser sich und konnte sich nicht beruhigen. Irgendwie kam ihm die aktuelle Situation sehr bekannt vor. Schon wieder sass er auf der Hinterbank des alten Renault 4, und schon wieder hatte er die Kontrolle über das Geschehen verloren. Eine Sturmflut von Bildern und Blitzlichtern schoss ihm durch den Kopf. In seinen Ohren schmerzte der fürchterliche Knall noch immer.

«War es wirklich nötig, diesen Mann zu erschiessen?»

David musste das sinnlose Verbrechen zur Sprache bringen. Fast mehr als die Tat selbst hatte ihn Gianlucas Verhalten im Augenblick des Tötens erschreckt. In der Sekunde der Schussabgabe war in dessen Gesicht ein Ausdruck von Macht und Vergnügen zu erkennen gewesen. Das Verursachen des Todes gleichsam aus dem Nichts heraus hatte Gianluca – in der linken Hand der moralisierende Zeigefinger und in der rechten die Pistole – in ein spirituelles Hochgefühl versetzt.

«Leutwyler wusste sehr gut, was es bedeutet, ein Waisenkind zu sein», sagte Gianluca. «Er verstand es wie kein anderer, unsere Achillesverse auszunutzen.» David sackte noch mehr in sich zusammen, erst jetzt spürte er den riesigen Kummer und die zum Himmel schreiende Einsamkeit Gianlucas. Wie musste der Mann als kleiner Junge gelitten haben. Allein, ohne Zuneigung, ohne Liebe, ohne Schutz. Hilflos ausgeliefert! Auf Teufel komm raus abhängig von der Willkür amtlich verordneter Aufpasser. Ohnmacht, reinste Ohnmacht! David fühlte sich schuldig. Unfassbar, dass er das kleine Kind in der Vergangenheit sich selbst überliess. David erkannte, dass er blind, total blind und völlig taub war. Und er schämte sich, dass *er* eine Katastrophe brauchte, um seine Augen zu öffnen und sein Gehör zu sensibilisieren. David spürte den Unwillen in sich hochsteigen, den Preis weiterer Demütigungen und Verletzungen zu bezahlen, um der Wahrheit seiner Geschichte zum Durchbruch zu verhelfen. Die Würde des Menschen dürfe nicht auf dem Altar der Wahrheit geopfert werden.

«Wie bist du zum Revolver gekommen?» David wusste keine bessere Frage.

«In der Spinnwinde wird doch mehr gedealt als in jedem Gefängnis. Das sollte dir eigentlich bekannt sein. Du bist doch derjenige, der eine lange Karriere als Verrückter hinter sich hat.»

Gianluca erzählte, wie einfach es gewesen sei, zu einer Waffe zu gelangen und dass er sich aus rein ästhetischen Gründen für eine 63er Smith&Wesson entschieden habe. Der elegante Lauf aus rostfreiem Edelstahl, der schwarze wohlgeformte Griff und das perfekte Design hätten ihn sofort angesprochen. Den Revolver habe er sich bereits wenige Tage nach seiner Einlieferung besorgt.

«Aber sollten wir uns im Moment nicht eher darum kümmern, was jetzt mit *uns* geschieht? Anna, wohin fährst du?»

«Ich werde euch in Hohenfels verstecken. Der Hausmeister hat eine Dachwohnung über der Klinik. Er ist seit heute in den Ferien, und ich habe ihm versprochen, seine Katze während seiner Abwesenheit zu füttern. Hoffentlich habt Ihr keine Katzenallergie. Niemand wird auf die Idee kommen, dass Ihr euch ausgerechnet in der Klinik versteckt.»

Gianluca traute seinen Ohren nicht: «Wir fahren also ausgerechnet dorthin, wovon wir geflohen sind und wohin uns die Polizei hinbrächte, wenn es ihr gelänge, uns zu schnappen? Wir sind wirklich verrückt!»

Die karg eingerichtete Dachwohnung war nicht gerade einladend. Salon und Schlafzimmer rochen nach abgestandener, feuchter Luft, die kleine Küche nach Zwiebeln und Knoblauch. Schlimmer aber war der von Altpapier, Sand und Katzenkot geprägte Amoniakduft im winzigen Büro. Anna riss die Fenster auf und suchte nach der Ursache des beissenden Gestanks. In einer Ecke fand sie eine völlig durchnässte und verdreckte Kartonschachtel, die als Katzentoilette gedient hatte.

«Könnt Ihr den Mist entsorgen?»

Angewidert, aber ohne zu Murren fasste sich Gianluca ein Herz und warf den ganzen Karton in einen Abfallsack, den er sofort verschloss und vor die Eingangstüre stellte. Der Inhalt des Kühlschrankes entsprach der spärlichen Einrichtung der Wohnung. Neben einigen Dosen Katzenfutter lagen ein paar Bierflaschen auf den Regalen.

«Bis morgen muss das reichen», grinste Anna und liess die beiden allein in der Wohnung zurück.

Gianluca und David wären am liebsten wieder zur Berghütte zurückgekehrt, aber sie wussten, dass sie keine Wahl hatten. Sie stellten den Fernsehapparat an und machten es sich auf dem alten Sofa bequem. Auf allen lokalen TV-Stationen liefen Sondersendungen zur Ermordung des Verlegers des Volksfreundes. Über die Täterschaft bestehe Klarheit, zumal ein Mitarbeiter Leutwylers den schrecklichen Mordanschlag miterlebt habe und dabei glücklicherweise unverletzt geblieben sei. Der Mörder heisse Gianluca Paolini und sei ein blutrünstiger hochgefährlicher Krimineller mit terroristischem Hintergrund. Über dessen Begleiter Felix Huber wurden keine präzisen Angaben gemacht, ausser dass er an einer psychischen Krankheit leide und bisher als ungefährlich gegolten habe. Gianluca und David verfolgten die Nachrichten wort- und regungslos. Erst als ein sichtlich schwer gezeichneter Justizminister sich persönlich zur Tat meldete und in einer sehr emotionalen Rede versprach, den Mörder bis ans Ende der Welt zu verfolgen und ihn seiner gerechten Strafe zuzuführen, empfand dies David als sehr ungewöhnlich. Was veranlasste den Minister, sich einzumischen? Gab es vielleicht doch eine Verbindung zwischen Leutwyler und dem Mitglied der Landesregierung? Bevor David erschöpft in einen Tiefschlaf fiel, kreisten seine Gedanken um den Alten von der Breitstrasse und den mysteriösen Telefonanruf. War er es, der Anna den rettenden Tipp gab? Gab es tatsächlich jemanden, der sich gegen die drohende Sinnlosigkeit seiner menschlichen Existenz wehrte? Im Halbschlaf hörte David Gianluca noch murmeln, wie unglaublich einfach es gewesen sei, Leutwyler und Zorn eine Falle zu stellen.

Als Anna am nächsten Morgen wieder auftauchte, sorgte sie für eine Überraschung. Neben ihr stand ein elegant gekleideter, gross gewachsener Mann. David spürte ein sonderbares Unbehagen in sich aufsteigen, zumal er Annas Begleitperson kannte. Dr. José Ruiz, Chefarzt einer renommierten Privatklinik für Psychiatrie, hatte nach seinem Medizinstudium als Assistent auf Hohenfels gearbeitet und sich in dieser Zeit mit Anna angefreundet. Gianluca mochte sich über die unerwartete Begegnung ebenfalls nicht freuen.

Dr. Ruiz' Aufmerksamkeit galt aber nicht ihm. Gianluca hielt er für einen gewöhnlichen, völlig uninteressanten Mörder. Der Arzt verachtete Gesetzesbrecher zutiefst. Zu oft hatte Ruiz sich die immer gleich klingenden Geschichten von narzisstischen und weinerlichen Tätern anhören müssen, die sich als Opfer oder Auserwählte fühlten und ihren menschenverachtenden Gewaltverbrechen einen bedeutungsschwangeren, tieferen Sinn geben wollten. Er hielt nichts von psychotherapeutischen Ansätzen, die davon ausgingen, dass Täter von Natur aus gut und deshalb therapierbar seien. Wenn die rohe Seele des Menschen in ihrer Jugend keinen Zugang zu Kultur und Aufklärung bekommen habe, sei sie ohnehin verloren, war Ruiz überzeugt. Ein Saulus-Paulus-Wunder hielt er, auch als streng gläubiger Katholik, für unmöglich. David schien die Haltung von Ruiz erahnen zu können, es hätte ihn nicht verwundert, wenn dessen Rücken voller Narben gewesen wäre. Ruiz war schon ein unnahbarer Sonderling, als dieser noch in der Klinik arbeitete.

«Ich denke, Ihr braucht beide ein gutes psychiatrisches Gutachten, das Euch vor Gericht Schuldunfähigkeit bescheinigt.» Annas Worte wirkten wenig glaubwürdig. Es war, als spräche sie sich mit ihrem unbeholfenen Vorschlag selbst schuldig, und als sie David und Gianluca gleichzeitig in die Arme nahm, schien sie das Vertrauen der beiden Männer endgültig zu verlieren. Die Stimmung war am Boden. Dr. Ruiz war die Situation sehr peinlich. Er machte einen unbeholfenen Versuch, um mit David ins Gespräch zu kommen. Doch es war aussichtslos. Ruiz blieb nichts anderes übrig, als sich zu verabschieden. Er komme gerne ein anderes Mal, wenn es besser passe. Die Stille schluckte seine schlecht gewählten Worte. Als Ruiz' Schritte im Treppenhaus nicht mehr zu hören waren, begann Anna laut zu weinen.

«Die Geister, die du gerufen hast, wirst Du nicht mehr loswerden.»

Anna wusste, was David meinte. Sie fühlte sich als Verräterin. Dabei wollte sie nur die Wahrheit kennen. Die Wahrheit an der Geschichte Davids. Der Preis für diese Wahrheit war allerdings ein hoher, ein zu hoher: Der Verrat Davids an Ruiz und Balaguer. Nur die beiden, war Anna überzeugt, hatten die Geschichte Davids ernst genommen und nicht als psychopathologisches Problem abgekanzelt. Und nur sie, glaubte Anna, wollten der Wahrheit ebenfalls auf den Grund gehen.

*

Dass sie selbst in die Fänge eines religiösen Geheimbundes geraten war, hatte sie nie so gesehen. Im Gegenteil, mit Opus Obscurum verband sie nur positive Erfahrungen. Dank der Organisation fand sie nach dem Unfalltod ihrer Eltern vor einigen Jahren wieder ins Leben zurück, nachdem sie wochenlang nur im Bett der Eltern gelegen hatte, an ihrer Nase der Lieblingspullover des Vaters und das Nachthemd der Mutter, als wollte sie den sich langsam verflüchtigenden Duft ihrer Liebsten für immer verinnerlichen. Eine Schwester oder einen Bruder hatte sie nicht, es war niemand da, mit dem sie ihren Schmerz und ihre Trauer hätte teilen können.

Erst als sie sich entschied, das Haus der Familie zu verkaufen und in ein Wohnheim für Studentinnen zu ziehen, fand sie die Kraft, ihren Blick wieder auf lebende Menschen zu richten. Im Sonnenberg, im nobelsten Quartier der Stadt zwischen Universität und Technischer Hochschule gelegen, fühlte sie sich geborgen und getragen. Hier wohnte sie mit 21 anderen Studentinnen. Das Entgelt war symbolischer Natur. Dafür war sie angehalten, an kulturellen und spirituellen Aktivitäten teilzunehmen. Dass der Sonnenberg von einem gemeinnützigen Verein des Opus Obscurum geführt wurde, hatte für Anna keine Bedeutung. Neben regelmässigen Gottesdiensten gab es Kurse zu weltanschaulichen und ethischen Fragen. Auch das störte sie nicht. Zumal einer der Seminarleiter besonders charmant war. Er hatte an der päpstlichen Universität Santa Croce Theologie studiert und war in der Sixtinischen Kapelle zum Priester geweiht worden. Er hiess José

Ruiz und beendete an der benachbarten Hochschule gerade sein Zweitstudium in Medizin.

*

Gianlucas Stimme klang sehr verärgert:

«Ich habe mich getäuscht in dir, Anna. Was will dieser Ruiz? David, wie erklärst du sein Interesse an dir? Denkst du wirklich, er hält deine Geschichte für wahr?»

«An mir hat er eigentlich kein Interesse. Aber stell dir vor, was dies für den selbst ernannten Stellvertreter in Rom bedeuten würde, wenn die Person auftauchte, die er zu vertreten vorgaukelt.»

Gianluca lächelte: «Nun, er könnte seine sieben Sachen packen.»

«Und mit dem Stuhl Petri würde der ganze Rattenschwanz zusammenbrechen.»

«Die Vorstellung gefällt mir.»

David dachte in diesem Moment an seinen letzten Besuch bei Concetta:

«Der Rattenfengger hätte nichts mehr zu fangen», lachte er.

«Welcher Rattenfänger?»

«Nicht auszudenken, was alles passieren könnte. Es ist also nur naheliegend, dass es Kräfte gibt, die alles daran setzen, ein neues Christusereignis zu verhindern.»

Gianluca fand zunehmend Gefallen an der Geschichte Davids. Anna dagegen schien in sich zusammen zu sacken. Ihr Hals rötete sich, und in ihren Ohren hörte sie nur noch das Rauschen des eigenen Blutes. Sie glaubte ohnmächtig zu werden, doch als sie spürte, wie ihr Herz immer schneller schlug, geriet sie in Panik. Das rasende Pulsieren ihres Blutes empfand sie als anklägerisches Hämmern eines gnadenlosen Richters. Es war, als würde sie von ihrem eigenen Herz zur Rechenschaft gezogen werden. Tief in ihrer Seele machte sich ein Gefühl der Schuld breit. Sie hatte sich selbst verraten. Sie wusste, dass sie die wahre Identität Ruiz' nicht mehr verbergen konnte. Eigentlich war es sowieso allen klar, wessen Weggefährte der überraschende Gast war. Schluchzend stürzte Anna aus der Wohnung.

Zurück blieben Ratlosigkeit und Ohnmacht. Es war als würde sich die Wohnung des Hausmeisters mit dichtem Nebel füllen, als würde die Zeit stehen bleiben. Irgendwann gab sich Gianluca einen Ruck:

«Wir müssen abhauen.»

«Wohin? Ist es nicht sinnlos, davon zu rennen? Hast du dir eigentlich einmal überlegt, vor was du im Grunde deines Herzens flüchtest?»

«Hör auf mit diesem Quatsch, du hast die Nachrichten gestern gehört, ich bin der most-wanted-man des Landes. Du kannst bleiben, wenn du willst. Aber ich verschwinde.»

«Ich weiche nicht von deiner Seite!»

«Also, dann los!»

*

Der Anblick war grauenhaft, der Schock riesig. Nur gerade ein paar Schritte ausserhalb der Dachwohnung hing Annas Leiche an einem Seil. Die beiden Männer schrien auf und zitterten am ganzen Körper. Es war, als würde ein Erdbeben das ganze Haus erschüttern. Davids Gedanken schossen wie brennende Pfeile durch seinen Kopf. Seine Augen schienen sich am regungslosen Körper festzufrieren, und seine Ohren waren für einen kurzen Moment wie betäubt. Als er Geräusche von der Treppe hörte und seinen Blick in das untere Stockwerk richtete, begann er, an seiner Sinneswahrnehmung zu zweifeln. Sah er tatsächlich den Alten die Treppe heraufsteigen? Es war, als würde David träumen und einen Film vor seinen Augen ablaufen sehen. War es wirklich der Alte, der sich Anna näherte und sie behutsam vom Balken herunterholte? David blickte fragend zu Gianluca, der aber nicht ansprechbar war. Zitternd kauerte er in einer Ecke und heulte wie ein kleines Kind. Der Schmerz Gianlucas beelendete David fast noch mehr als der Tod Annas. Der Alte hüllte den leblosen Körper sanft in ein Tuch. Sein Umgang mit der Leiche hatte etwas Feierliches und Respektvolles an sich. Der Mann strahlte Würde und Menschlichkeit aus. Nun war David endgültig klar: Er war in keinem Film!

«Gianluca, wir müssen weg!» Geistesgegenwärtig steckte David die Autoschlüssel und das Mobiltelefon Annas ein, riss Gianluca hoch und stürzte mit ihm die Treppe hinunter. In der Ferne hörte er, wie der Alte ihnen noch zwei Sätze nachrief:

«Was ein gewöhnlicher Herzog fertig bringt, schaffst du noch lange. Dranne bliibe, dranne bliibe.»

Anna hatte ihren Wagen unauffällig in einer Scheune neben der Eingangstüre parkiert.

«Setz dich ans Steuer, ich hab nie einen Führerschein gemacht.»

Gianluca gehorchte wie ein Lamm. David drehte am Zündschlüssel, und nun schien auch Gianluca wieder aus seiner Apathie zu erwachen. Wie ein Besessener haute er den ersten Gang rein, drückte aufs Gas und liess die Kupplung schleifen. Annas Kiste heulte auf, die Räder drehten durch, und erst nach einer ewig lang anmutenden Sekunde fand der Wagen Bodenhaftung.

«Diese verdammte Kiste, sie wird uns noch umbringen.» Gianluca stand noch immer unter Schock. Doch ein weiterer Adrenalinstoss brachte Klarheit in seinem Geist zurück.

«Wir fahren zur Alphütte, und dann schnappen wir uns Ruiz. Ruiz ist der einzige, der von unserem Versteck weiss.»

«Und was ist mit den Kerlen des Volksfreundes?»

«Ich hab ihnen von einer romantischen Hütte am See erzählt. Da können sie lange suchen.»

«Wie stellst du dir das vor? Willst Du in der Alphütte solange warten, bis Ruiz auf die Idee kommt, er könne uns dort besuchen?»

«Du hast doch das Mobiltelefon von Anna eingesteckt. Zum Glück habe ich ihr oft über die Schultern geguckt, als sie es benutzte. Viermal die sieben ist ihr Code. Wir werden ihn ködern.»

«Und was willst du mit ihm anfangen, das ergibt doch alles keinen Sinn.»

«Unkrautbeseitigung!»

David mochte nicht mehr antworten. Er hatte definitiv genug von dieser endlosen Spirale der Gewalt. Zuerst Schönfeld, dann Barbara und jetzt Anna. Drei Menschen, die er lieb gewonnen hatte, waren ihm aus den Händen geglitten. Er konnte sie nicht festhalten. David war erschüttert und verärgert. Verärgert über den Tod. Was hatte dieser für einen Sinn? David wurde die

Tragweite der Vergänglichkeit allen Lebens bewusst. Vielleicht brauchte es die Vergänglichkeit, dachte er, um die Kostbarkeit des Lebens zu erkennen. Und vielleicht war die Erkenntnis dieser Kostbarkeit Voraussetzung, um ein würdiges und erfülltes Leben zu führen. Vergänglichkeit als Fundament wahrer Lebendigkeit? David war sich nicht so sicher. Das Leben war ihm mit zu viel Leid verbunden. Ohne das Engagement und die Freundschaft mitfühlender Menschen war es nicht auszuhalten.

Gianluca hielt an einem Bahnhof an.

«Die letzten Kilometer bis zum Einstieg ins Tal fahren wir mit dem Zug. Wenn wir Glück haben, bemerkt uns niemand.»
Den steilen Anstieg ins Hochtal hatte David in unguter Erinnerung. Seine Befürchtungen waren aber unnötig. Der Schrecken und das Vakuum, die Anna hinterlassen hatte, steckten den beiden derart tief in den Knochen, dass sie nur langsam voranschritten.

«Wer ist dieser Alte? Der Kerl wird mir langsam unheimlich?» Gianlucas Stimme klang besorgt.

David war sich nun sicher, dass er die würdevolle Gestalt kannte. Vielleicht sogar schon immer. Er begann zu erzählen. Von seinem Freund Melchisedek, der so vieles mit seinem ersten Sohn gemein hatte. Vom Aufbruch und der Begeisterung, die Emanuel mit seiner Botschaft der Liebe vor zweitausend Jahren ausgelöst hatte. Von der Ungerechtigkeit seines frühen Sterbens. David kam ins Stocken, hörte auf zu reden, dachte länger nach und fügte noch einen Satz an:

«Vielleicht sind Melchisedek, Emanuel und der Alte in Wahrheit *eine* Person.»

«David, weißt du eigentlich, wieso ich deine ganze Geschichte für verrückt halte?»

«Wahrscheinlich, weil du sie nicht glauben kannst.»

«Dann ist sie also entweder unglaubwürdig oder an meiner Fähigkeit zu glauben, ist etwas faul.»

David schmunzelte über Gianlucas Befund.

«Deine Geschichte baut auf einer Erfindung. Sie setzt Gott voraus. Gott aber ist ein Gemälde des menschlichen Geistes, eine literarische Erfindung, ein Konstrukt kollektiver Wunsch- und Wahnvorstellungen. Die Sehnsucht nach Gott ist – wie das Wort schon sagt – eine Sucht und müsste von der Psychiatrie untersucht werden. Aber leider überlässt man dieses Phänomen den staatlich besoldeten Weihnachtsmännern der Theologie.» Religionen hielt Paolini grundsätzlich für unheilbare Geisteskrankheiten. Wenn er mild gestimmt war, zählte er sie zu den angenehmen Lügen, welche das menschliche Gehirn als Folge von unlösbaren Widersprüchen im Kopf produzieren würde. Der Tod beispielsweise sorge für eine solche kognitive Dissonanz. Und dafür suche das Gehirn permanent nach einer Auflösung. Kreativ wie es sei, habe es hierfür einen bunten, sinnbetäubenden Strauss an Religionen erschaffen.

David musste herzhaft lachen. Es gefiel ihm, wie sein Sohn argumentierte.

«Auch wenn Gott nur in unseren Köpfen existiert, so ist die Liebe eine Wirklichkeit, die unabhängig von jedem Glauben und jeder Ideologie zwischen Menschen entstehen kann. Müsste ich wählen, würde ich das Wunder der Liebe, die Ermunterung, Mensch zu werden, auch ohne Gott annehmen. Werdet Menschen! war die zentrale Botschaft Emanuels. Die Menschlichkeit ist das Licht der Welt!»

«Ein Evangelium der Liebe ohne Gott?» Der Gedanke gefiel Gianluca.

«Die Botschaft der Liebe ist revolutionärer als du denkst. Sie umfasst das ganze Universum, alles Lebendige, alle Menschen, also auch deine Feinde.»

« Feindesliebe?»
David glaubte in Gianlucas Frage einen höhnischen Unterton zu hören.

«Ist das scheinbar Unvernünftige in Wirklichkeit nicht oft das einzig wahre Vernünftige? Ist die Feindesliebe nicht der einzige vernünftige Weg, die Spirale der Gewalt zu durchbrechen?»

«Was meinst du damit konkret?»

«Versöhnung, Gianluca, Versöhnung. Wir gehören alle zusammen. Die Menschheit ist ein einziger Organismus. Das ganze Universum ist ein einziger Organismus. Hör auf zu töten. Dein Hass auf andere ist in Wahrheit ein Hass auf dich selbst.»

«Deine Worte höre ich wohl, allein mir fehlt die Liebe. Und deshalb gehe ich meinen Weg weiter. Zur Versöhnung bräuchte es die Fähigkeit zu vergeben. Aber wie kann man Menschen vergeben, die keine Reue zeigen oder ihre Schuld nicht eingestehen? Sieh es doch so: Du bist Vishnu, der Bewahrer. Ich Shiva, der Zerstörer und Erneuerer. *Wir zwei* gehören tatsächlich zusammen.»

«Du spielst also doch Gott. In deinem Bild fehlt aber die schöpferische Kraft Brahmas. Ohne dessen Fähigkeit, Leben zu schaffen, haben auch Shiva und Vishnu keine Existenzberechtigung.»

David hatte genug vom Wortwechsel. Wieder einmal musste er sich eingestehen, dass das Wort über die Liebe nicht die Liebe selbst war. Liebe konnte nicht einfach befohlen werden. Letztlich war sie mit einem Mysterium verbunden, das David nicht durchschaute. Als er den unlösbaren Knoten in seinem Kopf erkannte, lächelte er und stellte fest, wie ähnlich er seinem zweiten Sohn war und dass sie sehr wohl zusammen gehörten. Wenn die Liebe ein zu ambitiöses Projekt war, so musste es doch zumindest möglich sein, dem Respekt vor dem Leben zum Durchbruch zu verhelfen. Eine Kultur der schönen Sorgfalt im Umgang miteinander war nötig. Und ein bedingungsloses weltumspannendes Ja zur Unantastbarkeit der Würde des Menschen. Die mörderisch gewordene Beziehungslosigkeit Gianlucas schmerzte David zutiefst.

«Ohne Respekt und Mitgefühl sind menschliche Beziehungen nicht möglich. Und ohne menschliche Beziehungen kann keine Gemeinschaft, keine Gesellschaft, überleben.»

Davids Worte berührten Gianluca nicht.

«Das Aussterben gehört ohnehin zum normalen Programm der Evolution. Mehr als neunzig Prozent der Arten, welche es gegeben hat, sind heute ausgestorben. Auch den Homo sapiens wird eines Tages dieses Los treffen. Es ist vermessen zu glauben, uns sei ein anderes Ende bestimmt.»

Endlich erreichten sie die Alphütte. Sie machten es sich gemütlich, als würden sie schon immer in diesem vertrauten Nest wohnen und zusammen gehören.

Während Gianluca Suppe kochte, vibrierte Annas Mobiltelefon. Ruiz hatte angebissen. Gianluca hatte ihm während der

Fahrt im Zug eine SMS im Namen von Anna geschickt. Der Arzt wähnte sich im Glauben, auf eine Nachricht seiner ehemaligen Arbeitskollegin zu antworten. Er werde so schnell wie möglich in der Alphütte sein, schrieb er. Gianluca lächelte zufrieden.

Er würde dem Vasallen des Opus Obscurum einen überraschenden Empfang bereiten und ihn in einer Gletscherspalte verschwinden lassen. Es war schliesslich nicht das erste Mal, dass Gianluca eine üble Gestalt im ewigen Eis entsorgte. Nachdem Gianlucas erste «Gletscherspalten-Operation» gleichsam aus dem Nichts heraus und ohne Vorbereitung zum Erfolg geführt hatte, fragte er sich, ob ein minutiös geplantes Vorgehen, in dem er von vornherein alle Eventualitäten in Betracht zog, ebenso einschlagen würde. Dabei interessierte ihn die Frage, ob Erfolg letztlich mehr ein Produkt des Zufalls als der perfekten Vorbereitung war. Die Antwort schien ihm eigentlich schon klar. Es brauchte beides. Glück, vom Zufall beschert, und Engagement. Seine nächste Operation beabsichtigte er, in allen Details zu planen, ohne aber den Zufall auszuschliessen.

*

«Du bist bestimmt hungrig, iss.»

Die Suppe duftete köstlich. David war eingenickt, versuchte nun aber seine Müdigkeit zu überwinden und setzte sich an den Tisch. Er brauchte einige Momente, um sich zu fassen. In Gedanken versunken, liess er den Tag Revue passieren.

«Was hast du vor mit Ruiz?» Seine Stimme klang besorgt.

«Mach dir keine Sorgen, ich erledige das schon.»

«Du bewegst dich nicht in einem Raum grenzenloser Freiheit. Man wird dich stoppen.»

«Nur ein beschränkter oder massloser Mensch postuliert die Grenzenlosigkeit der Freiheit. Dazu zähle ich mich nicht, im Gegenteil. Aber es gibt sie! Die Menschen, die sich in ihrem Machtrausch und Grössenwahn um alle Regeln dieser Welt foutieren. Und genau gegen diese ekligen Eiterbeulen der Menschheit kämpfe ich an! Mit gezielten Nadelstichen bringe ich sie zum Platzen und weise die grenzenlose Gier in Schranken. In endgültige Schranken!»

Gianlucas Grinsen hatte etwas Diabolisches. David wollte nicht weiter reden, denn sie hatten schon einmal eine ähnliche Diskussion geführt – ohne Erfolg. Gianluca fuhr aber fort:

«Vernunft und Rücksichtnahme zählen nicht zum Vokabular von Machtmenschen. Das sind Worte von Schwächlingen. Machtmenschen verstehen nur die Sprache der Macht. Deshalb müssen sie mit ihren eigenen Waffen geschlagen werden.»

«Die Macht ist an das Recht zu binden», warf David ein.

«In Wahrheit ist es doch umgekehrt. Das Recht ist an die Macht gefesselt. Die Macht diktiert, was Recht ist. Und von einem versklavten Recht lasse ich mich nicht entmündigen. Und schon gar nicht lasse ich mich davon abhalten, das Richtige zu tun.»

David mochte nicht mehr zuhören.

«Errare humanum est. Solange der Irrtum untrennbar mit dem Menschen verbunden ist, sollte dessen Macht im Zaum gehalten werden. Der Irrtum, verbunden mit Macht, führt immer in die Katastrophe. Mögen Kunst und Vergänglichkeit dazu beitragen, die hässliche Fratze der Macht zu entlarven und sie zu Staub zu verwandeln.»

David sprang auf.

«Die Stimme, hast du sie gehört? Die Stimme! Das war Schönfeld! Schönfeld!»

David war aufgewühlt und freute sich riesig, obwohl er überzeugt war, dass die Kunst überhaupt keinen Einfluss auf Gewalt, Grössenwahn und Gier des Menschen hatte. Auch die Macht der Worte werde masslos überschätzt, war sich David sicher. Aber das hatte jetzt keine Bedeutung. David schätzte Schönfeld nicht wegen seinen Ansichten, sondern wegen seiner Menschlichkeit. Ansichten kommen und gehen. Der Mensch bleibt, war David überzeugt.

Gianluca hatte die Stimme nicht gehört, er war in sich gekehrt und dachte über die Journalisten des Volksfreundes nach.

«Rolf Leutwyler war ein Studienkollege von mir. Wir waren an der gleichen Uni und machten zusammen die Stadt unsicher. Irgendwann versuchte er sein Studium mit dem Verkauf von Drogen und einer Karriere als Zuhälter zu finanzieren. Nachdem er seine Ausbildung abgebrochen hatte, verloren wir uns aus den Augen. Als ich ihn viele Jahre später wieder traf, erzählte er mir von seinen gut gehenden Geschäften. Er prahlte davon, wie er mit der Vermittlung junger Frauen aus dem Ostblock Millionen verdienen würde. Er hatte sich zu einem üblen Schwein in einem kriminellen Netz von menschenverachtenden Frauenhändlern entwickelt. Sein Hauptgeschäft war die Erpressung prominenter Kunden aus Politik und Wirtschaft, die er heimlich zu filmen pflegte, während diese sich ahnungslos vergnügten. Daneben hatte er als Journalist gearbeitet und sich so eine perfekte berufliche

Tarnung aufgebaut. Ich wusste sofort, dass er eines meiner nächsten Ziele werden würde.»

«Und ich Idiot dachte, du hättest Leutwyler aus einer spontanen Wut heraus wegen seiner Verachtung gegenüber Waisenkindern umgebracht.»

Gianluca lächelte gequält.

«In deiner Welt werden am Ende nur die Schlächter überleben», sagte David traurig.

Lasalle, Lundgren, Leutwyler, wieviele Menschen hatte Gianluca schon auf dem Gewissen? David wollte es gar nicht wissen. Die Suppe war in der Zwischenzeit kalt geworden, der Appetit vergangen. Er legte sich hin und versuchte zu schlafen.

*

Früher oder später würde Ruiz auftauchen, dachte Gianluca. Er hatte sich mit Wolldecken und Kaffee versorgt und sich auf eine lange Nacht vor der Hütte vorbereitet. Als er beim ersten Morgengrauen in der Ferne den Lärm von Helikopterrotoren hörte, war er sich sicher, dass nicht Ruiz, sondern die Polizei im Anflug war. Auf der offenen Ebene des Hochtals war es praktisch unmöglich, sich zu verstecken, zumal die ganze Gegend deutlich über der Waldgrenze lag und die Flucht in eine der Gletscherspalten tödlich enden würde. Gianluca hatte keine Wahl. Er musste sich der Polizei stellen. Vielmehr als eine Rückführung in die Irrenanstalt hatte er ohnehin nicht zu befürchten. Ruhig, aber enttäuscht, dass ihm Ruiz nun durch die Latten gehen würde, blickte er dem Helikopter entgegen, der sich mit ohrenbetäubendem

Lärm und grosser Geschwindigkeit näherte und unweit von der Hütte zur Landung ansetzte. Gianluca wartete einen Moment, bis die bedrohlichen Rotoren aufgehört hatten, sich zu drehen. Irgendwie schien es merkwürdig, dass die Türen des Mehrzweckhubschraubers vom Typ Agusta A109 noch immer verschlossen waren. Gianluca machte ein paar Schritte vorwärts. Als die Helikoptertür endlich aufging, erblickte er hinter einer vollautomatischen Schusswaffe ein verbissenes Gesicht. Also doch Ruiz! Es war Gianlucas letzte Erkenntnis.

Premiere und Dernière

David hatte einen schrecklichen Traum, als ihn das unbarmherzige Knattern eines Maschinengewehrs aus dem Tiefschlaf riss. Sein Puls war noch auf 200, als Schönfeld in sein Zimmer trat und die Vorhänge zur Seite schob.

«Wo bin ich?» stammelte David.

Schönfeld lachte laut: «Wir waren gestern wieder einmal zu lange in der Bar. Katzenhügel hat uns die Ohren lang gezogen, weil wir über all die Monate seinen ganzen Wein gesoffen haben. Aber zum Glück hat der Alte für Nachschub gesorgt.»

David war total verwirrt. Schönfeld! Er lebte! David hatte es immer gewusst! Aber wie kam er in die Berghütte? Und was war mit der Berghütte geschehen? Sie sah auf einmal so aus wie seine Wohnung vor 25 Jahren. David sah sich genauer um. Er schaute zum Fenster hinaus und anstelle des Hochtals erblickte er das Kunstmuseum und das Stadttheater. Er konnte es nicht fassen: Er war tatsächlich in der Wohnung, die er vor 25 Jahren benutzt hatte!

«David, ich hab deinen Vorschlag beherzt. Ich habe mein jüngstes Stück kurzfristig in «Hotel Furchtbar» umbenannt, und natürlich habe ich dir für die Premiere den besten Platz reserviert! Du kannst gerne Barbara mitnehmen. Oder Joy.» Schönfeld lachte laut. Er hatte sich kein bisschen verändert.

Davids Gefühls- und Verstandeswelt spielten total verrückt.

Er war in seinem ganzen irdischen Leben nie wirklich gefährdet, den Kopf zu verlieren. Doch jetzt war er drauf und dran, wahnsinnig zu werden. Während das Donnern der Maschinengewehrsalven noch schmerzlich in seinen Ohren nachhallte, erfüllte ihn der Anblick Schönfelds mit nie zuvor erlebten Glücksgefühlen. Einem Traumtänzer gleich schien David durch den Raum zu schweben. Der zufällige Blick in einen Spiegel machte seine Verwirrung perfekt: Keine Spur von Felix Huber. Bis auf den ärgerlichen Schwimmgürtel war wieder die unverkennbare Handschrift Michelangelos zu erkennen.

«Vielleicht solltest du das mit Barbara und Roberto noch klären. Du passt sowieso viel besser zu Joy. Wir sehen uns heute Abend. Die Karten sind an der Kasse hinterlegt.» Schönfeld verliess die Wohnung.

Davids Verwirrung liess nicht nach. Er hatte den Eindruck, dass sich der Boden bewegte. Er musste sich setzen. Es war, als sässe er auf einem Bilder- und Gedanken-Karussell, das sich immer schneller drehte und auf dem enorme Zentrifugal-Kräfte an seinem Körper zerrten und ihn abzuwerfen drohten. David versuchte mit einem Bein zu bremsen, um von der sich drehenden Scheibe herunterzuspringen. Er war sicher, dass er nach einem Moment der Ruhe wieder in der Berghütte aufwachen würde und sich dann nach Gianluca umsehen konnte. David gab sich Mühe, an nichts zu denken und sich auf seinen Atem zu konzentrieren. Minutenlang. Stundenlang. Als er die Augen öffnete und die Geräusche von draussen hörte, war er sicher, dass der Lärm vom Quietschen einer Strassenbahn stammte. Er stand auf, öffnete die Fenster und blickte nach draussen. Er war fassungslos.

*

David setzte sich hin und fragte sich, ob es wohl hilfreich wäre, seine Erlebnisse und Gedanken auf einem Stück Papier zusammenzufassen, um sich so Klarheit zu verschaffen. Er versuchte sich an den Beginn seiner Mission zu erinnern und startete seine schriftlichen Aufzeichnung bei der ersten Begegnung mit Concetta: «Ich war viel zu schüchtern, ihr in die Augen zu blicken.» Doch bereits nach dem ersten Satz legte er den Bleistift zur Seite. David war viel zu aufgewühlt, um bei Adam und Eva anzufangen und weiterzuschreiben. Klarheit, so war er auf einmal überzeugt, konnte nur der Gang in die Bar bringen.

Das Lokal präsentierte sich genau so, wie David es vor 25 Jahren kennen und schätzen gelernt hatte. Gleichsam im Originalzustand. Auch die unfreundliche Frau war glücklicherweise verschwunden. Hinter der Theke lächelte wieder eine vertraute Seele. Es war Joy. Joy, die ihn in all den Jahren jede Woche auf Hohenfels besucht hatte. Nur sah auch sie wieder zwei Jahrzehnte jünger aus.

«Ich bin so froh, dass wir die Geschichte mit Katzenhügels Wein regeln konnten», sagte sie erleichtert, als sie David sah, «aber was ist denn mit dir passiert, du siehst so bedrückt aus?» Ihre Stimme klang auf einmal sehr besorgt.

David mochte nicht antworten. Er wusste, dass ihm jetzt nur eine Person helfen konnte.

«Wo ist der Alte? Wo ist er nur, der Alte?»

David war sich sicher, dass der Alte, Melchisedek und Emanuel ein und dieselbe Person waren. Sollte er Recht behalten, würde er damit wohl auch einige seiner Ansichten revidieren müssen. Vor 2000 Jahren war Emanuel für ihn ein Symbol für die Gegenwart Gottes. Den Glauben an den mitfühlenden Schöpfergott hatte David mit dem Tod seines Sohns verloren. Ein liebender und allmächtiger Gott, war David überzeugt, hätte die brutale Ermordung Emanuels verhindert. Aber da war nichts ausser Stille und Dunkelheit. Ein nicht handelnder, schweigender Gott konnte deshalb kein Gott der Liebe sein. Also existierte er nicht – oder er war ohnmächtig. Den Kult um die angebliche Auferstehung seines Sohns tat David stets als Wunschdenken unbelehrbarer Träumer ab, obschon es ihn als Vater mit Stolz erfüllte, dass Emanuels Leben eine weltumspannende Begeisterung auslöste. Als Kaiser und Klerus seinen Sohn drei Hundert Jahre nach dessen Tod zur Inkarnation Gottes und sich selber zu dessen Statthalter auf Erden erklärten, war auch David klar, dass es in diesem unsäglichen Narrativ nur um Deutungshoheit, Macht und Herrschaft ging. Dies machte ihn sehr traurig. Auch deshalb, weil Emanuels Grösse als Mensch durch seine göttliche Verklärung verkannt und geschmälert wurde. Leid tat ihm aber auch Gott. Ob nun erfunden oder in seiner Ohnmacht gelähmt – von hitzigen Gemütern pausenlos vereinnahmt, müsse er doch müde sein. Davids Sympathie galt deshalb den Ungläubigen, den Skeptikern und den Lauen, die den Erschöpften im Himmel in Ruhe liessen und ihm ein wenig Erholung gönnten.

«Dranne bliibe, dranne bliibe.»

Die Worte waren Balsam für Davids Ohren. Die Stimme und das Lachen des Alten hatten sich ebenfalls nicht verändert. Da sass er! Wie gewohnt im wenig beleuchteten Teil der Bar. Joy öffnete eine Flasche Lynch-Bages und setzte sich zu den beiden Männern.

David konnte seine Emotionen nun nicht mehr kontrollieren. Er brach in Tränen aus und versuchte Joy und den Alten gleichzeitig zu umarmen.

«Also ehrlich, wegen einer Flasche Lynch-Bages musst du doch nicht gleich ausflippen. Ich hatte gestern offensichtlich nicht richtig im Keller nachgeschaut und eine Holzkiste mit zwölf Flaschen übersehen. Aber das Gute daran: Jetzt, da Katzenhügel überzeugt ist, dass seine Flaschen alle leer sind, können wir seinen Wein mit gutem Gewissen trinken.»

David hatte lange nicht mehr den Saft von edlen Reben genossen. Auf Hohenfels, wenn er denn wirklich dort war, vertraten die Ärzte die Auffassung, Wein und Bier könne seine geistige Genesung beeinträchtigen und allenfalls seine Wahnvorstellungen fördern. Ein striktes Alkoholverbot war die Folge. Und auch bei seinen ungeplanten Ausflügen mit Gianluca war es ihm nicht danach, Wein zu trinken. Nun aber war alles anders. Der Moment hatte etwas Erhabenes an sich. David nahm einen kräftigen Schluck und spürte sofort, wie der Bordeaux seiner Seele gut tat.

Er hielt inne und dachte nach. Der Auftrag, ein Freudenmädchen zu schwängern, war definitiv schwieriger als erwartet. Das Rad der Zeit hatte sich offensichtlich zurückgedreht. Doch langsam hegte er den Verdacht, dass die Wahrnehmung seiner scheinbaren Wirklichkeit die Konsequenz einer Fehlfunktion seines Hirns war. Seinem Verstand misstraute er ohnehin seit einiger Zeit. Sein freier Wille schien ihm zunehmend eine Illusion zu sein. Und auch sein Bewusstsein hielt er mit wachsender Überzeugung für ein zufälliges Produkt zahlloser chemischer Reaktionen und elektronischer Impulse, die sich in Millisekunden in seinem Hirn abspielten. Als sei sein ganzes Wesen, sein Charakter und seine Entscheidungen von einer instabilen Grosswetterlage im Kopf abhängig. Und gegenwärtig hatte da gerade ein Erdbeben gewütet und für Chaos und tektonische Verschiebungen gesorgt. Nein, seine beunruhigenden Gedanken wollte er nicht mit anderen Menschen teilen. Das ganze System des Zusammenlebens baute schliesslich auf dem Menschenbild der persönlichen Verantwortung auf. Wie ein unstabiles Kartenhaus würde es zusammenbrechen, wenn sich die Erkenntnis durchsetzte, dass der Handlungsspielraum des Menschen hauptsächlich von undurchsichtigen neurobiologischen Vorgängen im Hirn bestimmt werde. Schuld, Strafe und Sühne wären auf einmal bedeutungslos. Und die Idee von der Einzigartigkeit des menschlichen Individuums verlöre sich in der Unendlichkeit des Alls.

David wählte deshalb einen pragmatischen Ansatz: Auch wenn die Vorstellung von der Freiheit des menschlichen Geistes eine Illusion sein sollte – er würde auch künftig so tun, als sei er in der Lage, sein Leben selbst zu bestimmen und die Verantwortung dafür zu übernehmen.

«Wisst Ihr, wo Schönfeld ist?» fragte David.

«Er wird schon im Theater sein und sich auf die Premiere vorbereiten. Komm lass uns auch gehen. Wir müssen uns beeilen.»

Joy nahm David an der Hand und rannte mit ihm aus der Bar.

Die Fahrt im Tram zum Schauspielhaus war gerade lang genug, um einen Blick in eine der herumliegenden lokalen Zeitungen zu werfen. Auf der ersten Seite fand David eine Vorschau zur Premiere am Abend: «In der Stadt herrscht Aufbruchstimmung: Mit seinem vielleicht gewagtesten Stück startet Jonas Schönfeld in seine zweite Saison als Schauspieldirektor. Noch geschehen sie die Zeichen und Wunder. Ausgerechnet in einer Stadt, die bisher nicht durch besondere Wundergläubigkeit aufgefallen war. Ausgerechnet einem Theater, das in den vergangenen Jahren in seiner kleinbürgerlichen Beschaulichkeit zu versinken drohte. Jetzt hat es eine Revolution gegeben: Die Spinner haben die Macht übernommen.»

Die Lektüre zauberte David ein Dauergrinsen ins Gesicht. Er fragte sich, wie das Publikum und die Presse auf Schönfelds Liebeserklärung an die Unzeitgemässen dieser Welt, an die Artisten, Gaukler und Fantasten, an alle, die nicht in die auf Wirtschaftlichkeit und Profit getrimmte Gesellschaft passten, reagieren würden. Er dachte an die Proben, an die ordinären Servierfräuleins, welche das Salz vom Boden wieder in die Streudosen füllten, mit ihren Busen wackelten, und sich mit dem Poliertuch ihren Achselschweiss abwuschen. Schönfeld konnte inszenieren. Wahrhaftig. Und er tat dies mit Leichtigkeit, Leichtsinn, Ausschweifung und Amüsement. Als wäre sein subversiver Blick auf die Welt unsterblich und durch nichts zu unterdrücken.

Das Theater war ausverkauft. Einer der Zuschauer in der Sitzreihe hinter ihnen kam David irgendwie bekannt vor. Aber woher war ihm dieses Gesicht vertraut? Auf einmal wurde David ganz bleich.

«Gabriel, was tust *du* denn hier?»

Der Mann konnte ein hämisches Lächeln nicht verkneifen: «Schon vor zweitausend Jahren musste ich den Job für dich erledigen, weil du alles vermasselt hattest. Dachtest du damals wirklich, du hättest in einem einzigen Schäferstündchen eine Frau geschwängert? Du glaubtest wohl an ein Wunder. Du warst früher ein Versager, Michael, und du bist es heute noch.»

Der unfreundliche Herr drehte seinen Kopf nun zu Joy:

«Hüte dich vor den vermeintlichen Rettern dieser Welt, und misstraue denen, die vorgeben, die Wahrheit zu predigen. Die Wahrheit ist eine Erfindung von Lügnern.»

Joy schwieg, während David aus allen Himmeln zu fallen drohte. Doch irgendwann spürte er wieder Boden unter seinen Füssen und stand auf:

«Gabriel hat recht, hüten wir uns vor ihm. Lass uns verschwinden.»

Das Theater war für sie zu Ende, bevor der erste Akt richtig begonnen hatte.

Impressum

Apalis Verlag, Männedorf/Zürich
ISBN 978-3-905737-00-4

Alle Rechte vorbehalten.
Nachdruck, auch auszugsweise, nicht gestattet.
Das Werk, einschließlich seiner Teile, ist urheberrechtlich geschützt. Jede Verwertung ist ohne Zustimmung des Verlages und des Autors unzulässig. Dies gilt insbesondere für die elektronische oder sonstige Vervielfältigung, Übersetzung, Verbreitung und öffentliche Zugänglichmachung.

Buchsatz: www.hellmann-publishing.de
Coverbild Michelangelos David: www. depositphotos.com - angelabucaletti #10072700

Copyright © 2023